1906 Juin 25

VENTE
Après décès de M. Paul DABLIN
HOTEL DROUOT, SALLE N° 3
Les Lundi 25 et Mardi 26 Juin 1906
à deux heures

LIVRES

AUTOGRAPHES

ESTAMPES — DESSINS

Armes et Pièces d'équipement

CURIOSITÉS — MEUBLES

COMMISSAIRE-PRISEUR
Me MAURICE DELESTRE

EXPERTS
M. NOEL CHARAVAY
M. HENRI LECLERC
M. PAUL ROBLIN

CATALOGUE

DES

LIVRES ANCIENS

ET MODERNES

LETTRES AUTOGRAPHES & DOCUMENTS

ESTAMPES — DESSINS — PEINTURES

ARMES ET PIÈCES D'ARMURES

INSIGNES — MÉDAILLES — JETONS — ANTIQUITÉS

CURIOSITÉS DIVERSES

PENDULE RELIGIEUSE — MEUBLES — SIÈGES EMPIRE

Composant le Cabinet de feu M. Paul DABLIN

SECRÉTAIRE GÉNÉRAL DE LA SOCIÉTÉ HISTORIQUE ET ARCHÉOLOGIQUE
DU VIIIe ARRONDISSEMENT DE PARIS

Dont la vente, par suite de décès, aura lieu

HOTEL DES COMMISSAIRES-PRISEURS

SALLE N° 3

Les Lundi 25 et Mardi 26 Juin 1906

A DEUX HEURES

Par le ministère de

Me Maurice DELESTRE, commissaire-priseur,
5, rue Saint-Georges.

Assisté de

M. Henri LECLERC, libraire-expert, 219, rue St-Honoré.

M. Noel CHARAVAY, expert en Autographes, 3, rue de Furstenberg.

M. Paul ROBLIN, expert pour les Estampes et Dessins, 65, rue Saint-Lazare.

CONDITIONS DE LA VENTE

Elle sera faite au comptant.

Les adjudicataires paieront *dix pour cent* en sus des enchères.

ORDRE DES VACATIONS

Le Lundi 25 Juin 1906

Livres	1 à 96
Autographes	97 à 202

Le Mardi 26 Juin 1906

Estampes	203 à 234
Dessins, Tableaux	235 à 245
Objets de curiosité, Armes, Meubles	246 à 287

Paris. — Imp. de l'Art, E. Moreau et Cie, 41, rue de la Victoire.

DÉSIGNATION

LIVRES

1 — **Alboize** et **Ch. Elie.** Fastes des Gardes Nationales de France. Histoire des milices citoyennes, depuis leur origine jusqu'à nos jours. *Paris, A. Goubaud,* 1850, 2 vol. gr. in-8°, planches, demi-rel. mar. bleu, tête dor., non rog. (*Couvert.*)

Planches gravées sur acier et planches d'uniformes, coloriées.

2 — **Albums illustrés.** 7 vol., figures.

La Femme et l'amour, *s. d.*, in-8°, cart. — Joyeux Paris, par Petit-Claude, 100 illustrations d'après nature. *S. d.* in-4°, br. — La Chanson à Montmartre. Illustrations de Ed. Gros, Matet et B. Mussa, Silvestre (Armand), 1902, in-4°, cart. — Noël joyeux 1895. Illustré par Japhet, Besson, Lafon, 1895, in-4°, br. — Chansons immobiles, de Jacques Férny. Illustrations de Jules Dépaquit 1896, gr. in-8°, br. — Peintres et chevalets, par Caran d'Ache et Luque, *s. d.*, in-4°, obl., br. — Comment procèdent les maitres, par Lourdey, *s. d.*, in-4° obl., br.

3 — **Almanachs** de la Révolution, 12 vol. in-32, pet. in-12 et in-8°, non rel. et rel.

4 — **Almanachs** royaux, nationaux et impériaux, 22 vol., dont 5 reliés en mar. rouge et 17 en veau.

Années : 1709, 1718, 1736, 1754, 1774, 1775, 1784, 1788, 1789, 1790, 1791, 1792, 1793, an III, an XI, an XIII, 1805, 1808, 1814 et 1815, 1826, 1845, 1855, 1870.

5 — **Archéologie**, 9 vol., in-12 et in-8°, br. et rel.

Boucher de Perthes. Antiquités celtiques et antédiluviennes. *Treuttel* et *Wurtz*, 1857, gr. in-8°, demi-rel. mar. vert, fil dor., tête dor. — Collignon (Max). L'Archéologie grecque. *Quantin, s. d.*, in-8°, fig., br. — Evans (John). Les Ages de la pierre. Instruments, armes et ornements de la Grande-Bretagne. *Germer-Baillière*, 1878, gr. in-8°, rel. toile, tr. dor. — Manuel d'archéologie grecque et romaine, par E. Guhl et W. Koner, traduit par O. Riemann. I. La Grèce. II. Rome. *Rothschild*, 1884-1885, 2 vol. in-8°, demi-rel. mar. gren., tr. marb. — Marquessac (Baron de). Pointes de flèches en silex, gr. in-8°, demi-rel. veau. — Pierret. Dictionnaire d'archéologie égyptienne. *Paris*, 1875, br. — Rich (A.). Dictionnaire des Antiquités romaines et grecques. *F. Didot*, 1873, in-12, fig., demi-rel. mar. gr., tr. marb. — Martha (J.). L'Archéologie étrusque et romaine. *Quantin, s. d.*, in-8°, br.

6 — **Armée française**, 5 vol., rel. et br.

L'Ancienne France. L'Armée depuis le Moyen-Age jusqu'à la Révolution. Etude illustrée d'après les ouvrages de M. Paul Lacroix. 165 gravures, 1887, gr. in-8°, fig, dos et coins toile, non rog. — Chamberet (G. de). Précis historique sur la gendarmerie 1861, in-12, br. — Hennet (Léon). Les milices et les troupes provinciales. 1884, in-8°, dos et coins toile, non rog. — Marco de Saint Hilaire. Histoire anecdotique, politique et militaire de la garde impériale. Illustrée par H. Bellangé, E. Lamy, de Moraine, Ch. Vernier. 1847. gr. in-8°, fig., demi-rel. ch. — *Le même*. Histoire populaire de la garde impériale. 41 gravures hors texte, par R. de Moraine. 1854 ; in-8°, fig., rel. toile.

7 — **Autographes**. Catalogues, 10 vol. in-8°, rel.

Collections Charavay (Jacques et Etienne), 2 vol., Charles (Michel), Champfleury, Dentu, B. Fillon (2 vol.), Fontaine, Lescure (de), Maurin (Colonel).

8 — **Basoche** (La). Recueil des statuts, ordonnances, reiglements, antiquitez, prerogatives et prééminences du royaume de la Bazoche. Ensemble plusieurs arrests donnez pour l'establissement et conservation de sa jurisdiction. Le tout adressé à M. Boyvinet, chan-

celier en icelle, en la présente année 1644. *Paris, Claude Bonjan,* 1644, pet. in-8°, veau marb., dos orné. (*Rel. anc.*)

Rare.

9 — **Basoche** (Histoire de la). 3 vol., demi-rel., mar. noir.

Études historiques sur les Clercs de la Bazoche, par A. Fabre. 1856, in-12. — La Lanterne des huissiers, ou la procédure à la portée de tous. 15 lanternes en 1 vol. in-12, 1880. — La Basoche, tribune mensuelle des huissiers, années 1886-1897, in-4°.

On y a joint : Des Clercs d'huissiers. 1783, in-12, non rel. — Déclaration du Roy, contenant création d'un huissier audiancier en chacune eslection de ce royaume. 1596. — La Misère, in-12, non rel.

10 — **Bataillard** (Ch.). Les origines de l'histoire des procureurs et des avoués depuis le ve siècle jusqu'au xve. (422(?)-483). *Paris, Cotillon,* 1868. — Histoire des procureurs et des avoués, (1483-1816, commencée par Ch. Bataillard (période de 1483 à 1639), continuée et terminée par Ern. Nusse (période de 1639 à 1816). *Paris, Hachette,* 1882, 2 vol. — Ens. 3 vol. in-8°, demi-rel, mar. noir, tr. marb.

11 — **Beauharnais** (Fanny de). La Marmote philosophe, ou la philosophie en domino, précédée des Amours magiques et suivie de la Nouvelle Folle anglaise et de plusieurs autres nouvelles et opuscules, pat Mme Fanny de Beauharnais. *Paris, Guillaume,* 1811, 3 tom. en 1 vol. in-12, bas. marb., dent., dos orné, tr. dor. (*Rel. anc.*)

Sur le premier plat de la reliure, ces mots en lettres d'or : *Cabinet de l'empereur* et sur le premier titre, le petit cachet bleu du *Cabinet de l'Empereur*. Cassure au second titre.

12 — **Biblia sacra.** Cum indice gemino : priori ad textum

biblicum : posteriori ad ejusdem glossam concinnata. Studio et opera Andreae Osiandri. *Tubingae, G. Gruppenbachius*, 1600, pet. in fol., peau de truie, plats entièrement ornés de fers à froid, milieu orné, fermoirs.

13 — **Bibliophilie**, reliure, ex-libris, 7 vol., rel. et broch.

Bibliotheca scatologica. Ouvrage disposé dans l'odre des lettres K P Q... par trois savants en us. 1849. — Bouchot (H.). Les Ex-libris et les marques de possession du livre, 1891, in-12, fig., br. — Fournier (Ed.). L'art de la reliure en France aux derniers siècles. 1888, pet. in-12, br. — Journal typographique et bibliographique, Ans VI et VII. 2 vol. in-8°. Lacour (Louis). Annuaire du bibliophile. Années 1860 et 1862, 2 vol. in-12.

14 — **Biographie nouvelle des contemporains** qui, depuis la Révolution française, ont acquis de la célébrité, par Arnault, Jouy, Jay et Norvins. *Paris, Librairie historique*, 1820-1825, 20 vol. in-8°, portraits, demi-rel. veau fauve, dos orné. (*Rel. de l'époque.*)

15 — **Biographie universelle**, ancienne et moderne. Ouvrage rédigé par une société de gens de lettres et de savants. *Paris, Michaud*, 1811-1832, 54 vol. in-8°, demi-rel. veau rouge, tr. marb., dos ornés. (*Hirou.*)

16 — **Blason, armoiries**. 9 vol. in-12 et in-8°, br. et rel.

Annuaire héraldique et mondain, 1897, in-8°, fig., dos et coins toile. — D'Eschavannes (Jouffroy). Traité complet de la Science du blason, *s. d.*, in-8°, fig., br. — Gourdon de Genouillac (H.). Recueil d'armoiries des maisons nobles de France. 1860, 2 vol. in-8°, mar. vert. — Idem. Grammaire héraldique. 1877, in-12, fig. demi-rel. veau vert. — Milleville (H. de). Armorial historique de la noblesse de France. 1845, gr. in-8°, fig., demi-rel., mar. noir, tr. marb. — Robert (Ulysse). Indicateur des armoiries, des villes, bourgs, villages, monastères, etc., contenues dans l'Armorial général de d'Hozier. 1879, in-8°, br. — Vian (L.). La Particule nobiliaire, suivie des armoiries de Paris, *s. d.*, in-12, br.

17 — **Calendriers des règlements**, ou notice des édits, déclarations, lettres-patentes, ordonnances, règlements et arrêts, tant du Conseil que des parlements, cours souveraines et autres juridictions du royaume, qui ont paru pendant les années 1763 et 1764, par M. Vallat-la-Chapelle. *Paris, Vallat-la-Chapelle*, 1765-66, 2 vol. pet. in-12, mar., rouge et citron, dos orné, tr. dor. (*Rel. anc.*)

18 — **Campardon** (Émile). Le Tribunal révolutionnaire de Paris. Ouvrage composé d'après les documents originaux. *Paris, H. Plon*, 1866, 2 vol. in-8°, planches, demi-rel. mar. gren., tête dor., non rog. (*Richardot.*)

19 — **Camusat**. Histoire critique des journaux, par M. C** (D.-F. Camusat), publié par J.-F. Bernard. *Amsterdam, J.-F. Bernard*, 1734, 2 vol. in-12, veau fauve, dos orné. (*Rel. anc*).

Joli exemplaire de Rohan Soubise.

20 — **Catalogue** des livres de feu M. M.-J. de Chénier. *Paris, Bleuet*, 1811, in-8° mar. rouge, comp. de fil. dor., dos orné, tr. dor. — Catalogue de la bibliothèque de M. Paris. *Besançon*, 1821, in-8°, planches, mar. rouge, comp de fil, dent. dor., dos orné, tr. dor. — Ens. 2 vol. (*Rel. de l'époque.*)

Beaux exemplaires.

21 — **Catalogues** de bibliothèques d'amateurs, 18 vol. rel.

Catalogues Baillot, Fégueur, de Fontenu, Fournier (Edouard), Grassot, La Bédoyère l'aîné, Mallard, Mérigot,

Mirabeau l'aîné, Noortdonck (3 vol.), Louis-Philippe, Radziwill, Nodier (Ch.), Soubise (2 vol.), etc.
La plupart avec prix marqués.

22 — **Chansonniers** de la Révolution et autres, 12 vol. in-12 et pet. in-12, in-8° et in-4°, non rel. et rel.

Le chansonnier patriote, an I, demi-rel. (2 exempl.) — Le chansonnier de la montagne, an III, dos et coins toile, non rog. — Recueil de chansons, vaudevilles, et arinettes, an IV, dos et coins toile. — Recueil de chants philosophiques, civiques et moraux. An VII, in-12, cartonn. dos et coins toile. — Révolutions lyriques ou le triomphe de la Liberté française, in-12, dos et coins toile. — Le chanteur parisien. Recueil des chansons de L.-A. Pitou, 1808, non rel. — Le chansonnier de la Grande Armée, 1809, non rel. — Le joyeux chansonnier du jour des noces, *s. d.*, dos et coins toile. — Poésies nationales de la Révolution française, 1836, in-8°, demi-rel., chag. gren. — Les chants de l'armée française précédés d'un essai historique sur les chants militaires des Français, par G. Kastner, 1855, in-4° demi rel. veau.

23 — **Charavay** (Et.). Lettres autographes composant la collection de M. Alfred Bovet, décrites par Etienne Charavay. Ouvrage imprimé sous la direction de Fernand Calmettes. *Paris. Charavay*, 1887, très gros vol. in-4°, planches demi-rel., mar. rouge, tête dor., non rog.

On y a joint : Scripta manent. Causerie à propos de la collection de M. A. Bovet, par Philippe Godet. *Neuchatel*, 1887, in-16, demi rel., mar. br.

24 — **Charavay** (Etienne). Revue des documents historiques. Suite de pièces curieuses et inédites publiées avec des notes et des commentaires par E. Charavay. Années 1873-1881. *Paris, Lemerre et Motteroz*, 1873-1881, 9 tomes en 4 vol., in-8°, planches demi-rel. chag. vert, non rog.

25 — **Châtelet** de Paris (Ouvrages relatifs au). 8 vol., in-18 et in-8°, dont 1 non rel.

Calendrier pour 1769, avec la liste de messieurs les officiers du Chastelet de Paris, 1769, pet. in-12, non rel. — Liste des six-vingts seuls huissiers, commissaires-priseurs, reçus et immatriculés au Châtelet de Paris, 1782, pet. in-12, mar. rouge.

Desmaze (Ch.). Le Châtelet de Paris, *s. d.* — Gérard (Constantin). Histoire du Châtelet et du Parlement de Paris, 1847, gr., in-8°. — Liste générale des huissiers-sergens à verge et de police au Châtelet de Paris, 1727. — Liste des officiers du Chastelet de Paris, 1788, gr. in-4°. — Procédure criminelle instruite au Châtelet de Paris sur la dénonciation des faits arrivés à Versailles, le 6 octobre 1789-1790. — L'ordre du procès civil au XIVe siècle, au Châtelet de Paris, par L. Tanon, 1886.

26 — **Coquereau** (F.). Souvenirs du voyage à Sainte-Hélène. *Delloye*, 1841), in-8°, cartonn. toile, non rog. — **Las Cases** (Emmanuel, baron de), journal écrit à bord de la frégate la Belle-Poule. *S. d.*, 1841, in-8°, cartonn., demi-rel. toile, non rog. — Ens. 2 vol.

Ces deux volumes sont ornés de lithographies.

27 — **Corporations** d'arts et métiers, 4 vol.

Recueil des statuts, arrêts et sentences, servant de règlement à la communauté des maîtres chandeliers et des maîtres huiliers de la ville de Paris, 1774, in-12, veau fauve, fil. dor., dos orné et dor. (*Rel anc.*)

Numismatique des corporations parisiennes, métiers, etc., d'après les plombs historiés trouvés dans la Seine et recueillis par A. Forgeais, 1874, gr. in-8°, demi-rel., mar. viol. — Recueil de statuts et de documents relatifs à la corporation des tapissiers, de 1258 à 1875, par J. Deville, 1875, gr. in-8° br. — Histoire des corporations françaises d'arts et métiers avec préface historique et conclusion pratique, par J.-P. Mazaroy, 1878, in-8°, cartonn., dos et coins toile, non rog.

28 — **Decii** (Philippi) J.-V., doctoris excellentiss. Consilium ad chriastianissimi francorum regis Ludovici requisitionem... *S. l. n. d.* 1775, non chiff. — **Lapide** (Joh de). Resolutorium dubiorum circa celebrationem missarum occurentiu *Impressum parisiis. Anno 1508, expensis honesti viri Dionysii roce.* 40 ff. non chiff. Ens. 2 op. en 1 vol. pet. in-8°, mar. olive, fil., dor., dos orné, tr. marb. (*Rel. anc*)

La première pièce est ornée de 2 figures gravées sur bois, et, à la fin, de la marque de Guillaume Nyverd, imprimeur à Paris.

La marque de Denis Roce est sur le titre de la seconde pièce.

29 — **Dictionarium latinogallicum**, jam inde post multas editiones plurimum adauctum. *Lutetiae, apud Carolum Stephanum*, 1561, in fol., veau marb, fil. dor., tr. dor. (*Rel. anc.*)

30 — **Dictionnaire de la Révolution française**. Institutions, hommes et faits. Par E. Boursin et Augustin Challamel. *Paris, Furne, Jouvet et Cie*, 1893, très grand in-8°, demi-rel. chag. rouge, tête dor., non rog.

31 — **Drapeau français** (Histoire du). 5 vol.

Rey. Histoire du drapeau, des couleurs et des insignes de la monarchie française. 1837, 2 vol. in-8°, demi-rel. mar. vert. — Histoire de la cocarde tricolore, par Ed. Pouy. 1872, in-12, demi-rel. toile. — Etudes sur nos emblèmes et recherches historiques sur le drapeau de la France. 1875, in-8°, br. — Histoire complète, anecdotique et populaire du drapeau français, par A. Barbou. *S. d.*, in-12, demi-rel. veau bleu, tr. marb.

32 — **Dulaure**. Esquisses historiques des principaux événements de la Révolution française. *Paris, Baudouin frères*, 1823-1825, 5 vol. in-8°, planches, demi-rel., bas. marb., dos orné, tr. rouges.

Nombreuses planches gravées par *Couché*.

33 — **Environs de Paris.** 27 vol. reliées et br.

Goujon (A.) Histoire de la vie et du château de Saint-Germain-en-Laye 1829, in-8° cart., demi-rel. mar. gr. non rog. — Grétry. Description complète de la ville de Saint-Denis, depuis son origine jusqu'à nos jours. 1840, in-8°, demi-rel. veau. — Rolot et de Sivry. Précis historique de Saint-Germain-en-Laye. 1848, in-12. demi-rel. mar. — Saint Anthoine (Dan. de) Biographie des hommes remarquables de Seine-et-Oise. 1837, in-8°, demi-rel. chag. — Touchard-Lafosse. Histoire des Environs de Paris. 1834 à 1836, 4 vol. in-8°, demi-rel. mar. fauve. — Vatel (Ch.) Notice historique sur la salle du Jeu de paume de Versailles, depuis sa fondation jusqu'à nos jours. 1883, in-8°, br. — Les Yvelines. Histoire de Rambouillet, de son château et des lieux remarquables de sa forêt. 1891, gr. in-8°, br., etc., etc.

34 — **Étrennes** aux Parisiens patriotes, ou Almanach militaire national de Paris, contenant les noms, demeures et décorations patriotiques de MM. les officiers, bas-officiers, soldats, etc., formant le corps de l'armée parisienne, par MM. Bretelle et Alletz, soldats citoyens. *Paris, Gueffier*, 1790, in-12, portrait de Lafayette, demi-rel. v. br., dos orné.

Rare.

35 — **Franklin** (Alfred). Les Anciens plans de Paris, Notices historiques et topographiques. *Paris, L. Willem*, 1878, 2 tomes en 1 vol., in-4°, pap. de Holl., planche, demi-rel. mar. bleu, tête dor., non rog.

36 — **Gallois**. Histoire des journaux et des journalistes de la Révolution française (1789-1796), précédée d'une introduction générale. *Paris*, 1845-1846, 2 vol. gr. in-8°, demi-rel., veau fauve, non rog.

Portraits et fac-similés d'autographes.

37 — **Garde Nationale de Paris.** 6 vol. gr. in-8°, in-8° et in-12, broch. et reliés.

Almanach des gardes nationales du département de la

Seine pour l'an 1818, in-12, broché. — Chansonnier des gardes nationaux. Poésies et musique, *Duverger*, *s. d.*, in-12. — Comté (Ch.). Histoire de la garde nationale de Paris. 1827, cartonn., dos et coins toile, non rog. — Leclerc (Louis). La garde nationale à cheval pendant le siège de Paris. 1871, gr. in-8°, cartonn. dos et coins toile. — Raisson (Horace). Histoire populaire de la garde nationale de Paris. Ornée de 14 lithographies d'après M. Eug. Lami. *Juin* 1832, gr. in-8°, figures, demi-rel. mar.-bleu. — Même édition, format in-12, dos et coins toile, non rog.

38 — **Gardes Nationales.** 6 vol.

Instruction pour les gardes nationales, arrêtée par le comité militaire. 1791, in-8°, bas. fauve, fil. dor., dos orné. — Instructions patriotiques et militaires pour la garde nationale. 1791, in-12, non rel. — Nouveau manuel complet des gardes nationaux de France. *S. d.*, pet. in-12, dos et coins toile, non rog. — Nouveau manuel. 1830, pet. in-12, demi-rel. — Chansonnier des gardes nationaux, avec musique. 1831, in-12, dos et coins toile. — Histoire de la garde nationale, par E. de Labédollière. 1848, in-12, demi-rel. veau bleu.

39 — **Gesta romanorum,** — cum applicationibus moralisatis ac mysticis de virtutibus et vitiis : una cum pluribus exemplis quibuscũqz cõcionatoribus perquam necessariis ac longe utilissimis. *Impressum Lugduni per Johannen Thome.* Anno dni 1515. Augustissimi philosophantum principis Aristotelis hoc volumen problemata continet... Cum vita et morte Arīstotelis... *Lugduni per Johannem Thome*, 1515. — 2 ouv. en 1 vol., pet. in-8°, veau fauve, encad. à fr. (*Rel. du XVI*e *siècle.*)

Le second ouvrage est orné d'une figure sur bois au verso du titre.

40 — **Hennin** (Michel). Histoire numismatique de la Révolution française. *Paris*, *Merlin*, 1826, 2 vol. in-4°, dont 1 de planches, demi-rel. chag. noir.

41 — **Histoire du clergé** séculier et régulier des congrégations dec hanoines et de clercs et des ordres religieux de l'un et de l'autre sexe, qui ont été établis jusques à présent. Avec des figures qui représentent les différens habillements de ces ordres et congrégations. *Amsterdam, P. Brunel*, 1716, 4 vol. pet. in-8°, figures, veau brun.

42 — **Histoire générale de Paris.** Collection de documents, 1874-1894. 4 vol. in-4°, cart.

Les armoiries de la ville de Paris, 2 vol. — Les jetons de l'échevinage parisien. — Recueil des inscriptions parisiennes (1881-1891).

43 — **Hocquart** (Edouard). Le duc de Berry, ou vertus et belles actions d'un bourbon. *Paris, Didot le jeune*, 1820, in-4°, planches, demi-rel. mar. vert, non rog.

Portrait et 11 figures par *Chasselat, Fragonard, Martinet, Desenne*, etc., gravés par *Paul Jazet, Hocquart.*

44 — **L'Homme primitif**. Création de l'homme. 5 vol. in-8°, rel.

Cleuziou (H. du). — La création de l'homme et les premiers âges de l'humanité, 1887, gr. in-8°, fig., demi rel., mar. gren. — Figuier (L.). L'Homme primitif, 1873, gr. in-8°, fig., demi rel., mar. rouge, non rog. — Figuier (L.). La Terre avant le déluge, 1883, in-8°, fig., rel. toile, tr. dor. — Joly (N.). L'Homme avant les métaux, 1870, in-8°, cart. — Lubbock (John). L'Homme préhistorique étudié d'après les monuments, 1876, gr. in-8°, demi rel. mar. vert, tr. marb.

45 — **Intermédiaire des chercheurs et curieux** (L'), fondé en 1864. Années 1891-1902 et Table (1864-1896). *Paris*, 1891-1902, 17 vol. gr. in-8°, demi-rel., mar. vert.

46 — **Jetons. Sceaux.** 7 vol. in-12 et in-8°, reliés.

Chassant et Delbarre. Dictionnaire de sigillographie

pratique, 1860, in-12, fig. — FONTENAY. Etude de jetons 1850. Manuel de l'amateur de jetons, 1854, 2 vol, in-8°, fig. — — FORGEAIS (Arthur). Notice sur des plombs historiés trouvés dans la Seine, 1858, gr. in-8°, fig. — LEROY DE LA MARCHE. Les Sceaux. *Quantin, s. d.*, in-8°. Rouyer et Hucher. Histoire du jeton du Moyen Age, 1re partie, 1858, in-8°, planches. (2 exempl.)

47 — **Journaux.** Drujon (Fernand). Catalogue des ouvrages, écrits et dessins poursuivis, supprimés ou condamnés depuis le 21 octobre 1814 jusqu'au 31 juillet 1877. *Rouveyre*, 1879, gr. in-8°, demi-rel. mar. gren., non rog. — **Gallois** (Léonard). Histoire des Journaux et des Journalistes de la Révolution française (1789-1796). *Paris*, 1845-46, 2 vol. gr. in-8°, portraits, cart., non rog. — Ens. 3 vol. — Le Moniteur prussien de Versailles. *Id.*, 1872, 2 vol, in-8°, demi-rel. mar. gr.

48 — **Lacombe** (Paul). Bibliographie parisienne. Tableaux de mœurs (1600-1880). *Paris, P. Rouquette*, 1887, in-8°, broché.

49 — **Las Cases** (Comte de). Mémorial de Sainte-Hélène. Illustré par Charlet. *Paris*, *Bourdin*, 1842, 2 vol., gr. in-8°, dos et coins chag. noir, fil. dor., dos orné, tr. marb. (*Rel. de l'époque.*)

PREMIER TIRAGE.

50 — **Lefeuve.** Les Anciennes Maisons de Paris. Histoire de Paris, rue par rue, maison par maison. *Paris, Reinwald* et *Leipsig*, *Twietmeyer*, 1875, 5 vol. in-12, cart. toile rouge.

51 — **Livres illustrés** du XIXe siècle. 5 vol.

BÉRANGER. Chansons anciennes et posthumes. Nouvelle édition populaire, ornée de 161 figures. *Perrotin*, 1866, gr. in-8°, demi-rel. mar. rouge. — CHEVIGNÉ (Comte de). Les

Contes rémois. Dessins de E. Meissonier. *Michel Lévy*. 1864, in-12, demi-rel. mar. gr. — GRESSET Ver-Vert, nouvelle édition publiée par G. d'Heylli. Eaux-fortes de MM. Guillaumot père et fils, 1877, in-8°, dos et coins mar. rouge. — LASALLE (Albert de). L'hôtel des haricots. 70 dessins, par E. Morin. *Dentu, s. d.*, in-8°, dos et coins mar. fauve, tête dor., non rog. — LERICHE (L.). Les étapes de Gutenberg, comédie en quatre actes avec chants pour jeunes gens. *Dentu*, 1889, in-4°, fig., br.

52 — **Louis-Philippe** (Histoire de). 9 vol. in-12 et in-8°, rel. et br.

MONTALIVET (De). Le roi Louis-Philippe. Liste civile. 1851, in-8°. — CRÉTINEAU-JOLY. Histoire de Louis-Philippe d'Orléans et de l'orléanisme. 1867. 2 vol. in-8°, br. — Relation historique des journées mémorables des 27, 28, 29 juillet 1830, en l'honneur des parisiens. 1830, in-8°. — Louis-Philippe. Mon Journal, Evénements de 1815-1849, 2 vol. in-12. — JANIN (J.). Le prince royal. *Bourdin, s. d.*, portrait sur Chine par Charlet. — La Quinzaine mémorable. Evénements arrivés à Paris du 26 juillet au 9 août 1830... *S. d.*, figures en couleurs, br. — Horace Raisson. Histoire populaire de la Révolution de 1830. *Lefebvre* 1830, br.

53 — **Maindron** (Ernest). 1751-1889. Le Champ de Mars. Ouvrage illustré de 70 lettres, ornées par J. Adeline, et de 114 reproductions, d'après les documents originaux. *Danel et Baschet*, 1889, gr. in-8°, demi-rel. chag. rouge, tête dor., non rog. *(Couvert.)*

54 — **Manuscrits historiques.** XVIIIe siècle. 3 vol. in-4°.

Le Procès criminel fait à François Ravaillac... Avec le procès-verbal de la question qui lui fut donnée et tout ce qui se passa en la place de Grève, lors de son exécution en l'année 1610. Manuscrit cartonn., demi-rel. vél. — Les Philippiques. Odes contre M. le duc d'Orléans, régent, par M. de La Grange 1720, demi-rel. bas. rac. — Etact actuel des affaires générales des finances du royaume de France, des années 1756 à 1762, in-4°, dos et coins veau fauve, fil., dos orné.

55 — **Marie-Antoinette et Madame de Polignac** (Recueil de pamplets sur). Le Petit Charles IX, ou Médicis justifiée. *S. l.*, 1789, 77 p. — Essai historique sur la Vie de Marie-Antoinette, reine de France et de Navarre, orné de son portrait et rédigé sur plusieurs manuscrits de sa main. Versailles, 1789, 2 parties, port. — Antoinette d'Autriche, ou dialogue entre Catherine de Médicis et Frédégonde, reines de France, aux enfers. *Londres*, 1789, 15 p. — L'Autrichienne en goguette, ou l'Orgie royale, opéra proverbe. *S. l.*, 1789. — Le B*** R***, *s. d.* — Ens. 11 pièces en 1 vol. in-8°, demi-rel, veau olive, dos orné, tr. marb.

Recueil de pièces, la plupart fort rares.

56 — **Masson** (Frédéric). Napoléon et les femmes. L'Amour. *Ollendorff*, 1894, demi-rel. mar. viol. — Napoléon inconnu 1786-1793). *Id.*, 1895, 2 vol., demi-rel. mar. gren. — Napoléon chez lui. La journée de l'empereur aux Tuileries. Illustrations par F. de Myrbach. *Dentu*, s. d., demi-rel. mar. gren. — Napoléon et sa famille (1809-1811). *Ollendorff*, 1903. Ens. 6 vol. in-8°, br. et rel., tête dor., non rog.

On y a joint Arthur Lévy. Napléon intime. *Plon*, 1893, in-8°, demi-rel. mar., tête dor., non rog.

57 — **Musée des Archives nationales.** Documents originaux de l'Histoire de France, exposés dans l'hôtel Soubise. Ouvrage enrichi de 1,200 fac-similé des autographes les plus importants depuis l'époque mérovingienne jusqu'à la Révolution française, publiée par la direction des Archives nationales. *Paris, H. Plon*, 1872, in-4°, fac-similés, demi-rel. chag. noir, tête dor., non rog.

58 — **Napoléon Ier** (Ouvrages relatifs à). 8 vol. in-8° et in-12, reliés.

BARRAL (G.). L'épopée de Waterloo, *s. d.* — BOUCHOT (H.) La toilette à la cour de Napoléon (1810-1815), *s. d.* — CABANÈS (Dr). Napoléon jugé par un Anglais. Illustré de 3 portraits, 1901. — CHANNING et EMERSON. (Vie et caractère de Napoléon-Bonaparte par). 1857, in-12. — GUITRY (comm[t]) L'armée de Bonaparte en Egypte, 1798-1799, *s. d.* in-8°. — LAS CASES. Souvenirs de l'empereur Napoléon Ier, 1867, in-12. — MAZE — SENCIER (A.) Les fournisseurs de Napoléon Ier et des deux impératrices, d'après des documents inédits, 1893, in-8°, demi-rel., mar. bleu, non rog.

59 — **Napoléon Ier** (Ouvrages relatifs à). 10 vol. in-12, in-8° et in-4°, cart. et br.

NAPOLÉON. Allocutions et proclamations militaires, publiées par G. Barral. *S. d.* — FLEURY de CHABOULON. Mémoires, avec annotations manuscrites de Napoléon Ier, 1901, 3 vol. — CHUQUET (Arthur). La jeunesse de Napoléon. Brienne, 1897. — GRAND. — CARTERET (John). Napoléon en images, 1895, gr. in-8°, fig. — Napoléon. Extrait de la vie contemporaine, 1894, gr. in-8°, fig. — TURQUAN (Joseph). La générale Bonaparte, d'après le témoignage des contemporains. *S. d.* 1809-1815. Mémorial et archives de M. le baron Peyrusse. Vienne. Moscou. Ile d'Elbe, 1869, gr. in-8°. — MARTHOLD (J. de) et Job. Le Grand Napoléon des petits enfants. *s. d.*, in-4°, fig., cart.

60 — **Napoléon Ier** (Pamphlets relatifs à). 10 vol. in-12 et in-8°, rel.

CHATEAUBRIAND. De Buonaparte et des Bourbons, 1814, in-8°. Buonaparte et Murat ravisseurs d'une jeune femme, mémoire historique par F. Revel, 1815. — Bonaparte ou l'abus de l'abdication, 1815, in-8°. — Amours secrètes de Napoléon-Bonaparte, par M. le baron de B... (Charles Doris), 1815, 4 tom en 2 vol. — Aventures extraordinaires de Buonaparte, 1814. Machiavel commenté par Mme Buonaparte, 1816, in-8° — Le Moniteur secret, ou tableau de la cour de Napoléon, de son caractère et de celui de ses ayeus, 1814, 2 tom. en 1 vol. in-8°, demi-rel., mar. fauve. — Histoire secrète du cabinet de Napoléon-Buonaparte et de la cour de Saint-Cloud, par Lewis Goldsmith, 1814, in-8°, rel., toile, non rog.

61 — **Napoléon Ier** (Ouvrages relatifs à). 17 vol. in-12 et in-8°, dont 11 reliés et 1 non relié.

Chennechot. Histoire de la vie politique, militaire et privée de Napoléon Bonaparte, 1835, in-8°. — Collection des discours et proclamations faits par S. M. l'Empereur, tant au Sénat qu'à l'armée. *Aubry, s. d.*, in-12. — Mémoires pour servir à l'Histoire de France en 1815-1820, in-8°. — Norvins. Histoire de Napoléon, 1834, 4 vol. in-8°. — Itinéraire général de Napoléon. Chronologie du Consulat et de l'Empire, par A. M. Perrot, 1845, in-8°. — Une année de la vie de l'Empereur Napoléon, 1815, in-8°. — Mémoires et anecdotes sur la cour de Napoléon Bonaparte, 1818, in-12. — Précis historique de la campagne de 1814, in-12, broché. — Hilaire et Berthille, ou la machine infernale de la rue S.-Nicaise, par Sewrin, 1801, in-12. — Gallais. Histoire du 18 brumaire et de Buonaparte. — Campagne de Moscou en 1812, par Durdent, etc. — Recueil de 9 pièces en 1 vol. in-8°, demi-rel. veau (1814-1815). — Bonaparte au Caire, par un des savants embarqués sur la flotte française, an VII, in-8°, demi-rel., mar. bleu, tr marb. — Mémoires pour servir à la vie d'un homme célèbre, par M. M..., 1819, in-8°, demi-rel., mar. vert, non rog. — Touchard-Lafosse. Précis de l'histoire de Napoléon, du Consulat et de l'Empire, 1825, in-8°, cart., non rog. — Histoire de la famille Bonaparte, depuis 1815, jusqu'à ce jour, 1849, in-8°, demi-rel., veau vert.

62 — **Napoléon** à Sainte-Hélène. 14 vol. in-8°, rel. et br.

Advielle (V.). La Bibliothèque de Napoléon à Sainte-Hélène. 1894, pet. in-4°, br. — Antommarchi. Mémoires, ou les derniers moments de Napoléon. 1825, 2 vol. in-8°, demi-rel. veau br., dos orné, tr. marb. — Héreau (J.). Napoléon à Sainte-Hélène. 1829, in-8° cartonn., demi-rel. toile, non rog. — Huard (Ad.). Le martyr de Sainte-Hélène. 1865, in-12. — (Sir) Hudson Lowe. Histoire de la captivité de Napoléon à Sainte-Hélène. *Amyot, s. d.*, 4 vol. cartonn. toile, non rog. — Memorial de sir Hudson Lowe. *Dureuil*, 1830, demi-rel., mar. fauve. — Documents pour servir à l'histoire de la captivité de Napoléon Bonaparte à Sainte-Hélène. *Pillet*, 1821, cartonn., demi-rel. toile. — Masselin. Sainte-Hélène. Dessins de Staal. *Plon*, 1862, br. — Montholon (Gal.). Récits de la captivité de l'empereur Napoléon à Sainte-Hélène, 1847, 2 vol. in-8°, cartonn. toile, non rog.

O' Méara. Napoléon en exil. 1824, cart., non rog. — Saint-Cère et H. Schlitter. Napoléon à Sainte-Hélène. *S. d.*, in-12, demi-rel. chag. — De Sainte-Hélène aux Invalides. Souvenirs de Saintini. 1853, gr. in-8°, demi-rel. toile, non rog. Santiné (Edw.) Chagrins domestiques de Napoléon Bonaparte à l'isle Sainte-Hélène 1821, in-8° cartonn. toile, non rog.

63 — **Napoléon III** (Ouvrages et pamphlets relatifs à). 19 vol. et broch., in-12 et in-8°, br. et rel.

64 — **Numismatique**, monnaies. 6 vol. reliés.

Prix des Monoyes de France et des matières d'or et d'argent depuis la déclaration du Roy du 31 mars 1640. *Paris, P. Giffart*, 1736, in-4°. — Monnaies inconnues des évêques, des innocents, des fous, recueillies et décrites par M. J. R. (Rigollot), d'Amiens. *Merlin*, 1837, in-8°. — Description des médailles gauloises de la Bibliothèque royale, par A. Duchalais. *Rollin*, 1846. — Catalogue des monnaies gauloises et françaises ayant appartenu à M. E. Legras. *Paris*, 1882, in-8°, pl. — Letellier. Description historique des monnaies françaises, gauloises, royales et seigneuriales. *Letellier*, 1888-89, 4 tom. en 2 vol. in-12.

65 — **Numismatique**. 8 vol. br. et reliés.

Barthélemy (J.-B.-A.). Nouveau Manuel complet de numismatique ancienne. 1866, in-12, demi-rel., veau gr., in-4° obl. — Hennin (M.). Manuel de numismatique ancienne. 1872, 2 vol. de texte et 1 atlas in-8°, rel. — Lefebvre (J.). Traité élémentaire de numismatique générale. 1860, in-12, demi-rel. mar. gren. — Supplementum ad numismata imperatorum romanorum, Vaillantis et Baldinis, editoribus, 1767, in-4°, figures, cart. — Lenormant (Fr.). Monnaies et médailles, *s. d.*, in-8°, br.

66 — **Ordonnances royaux** (Les) sur le faict et jurisdiction de la Prevosté des marchands et Echevinage de la ville de Paris. Reveües et augmentées. *Paris, chez P. Rocolet*, 1644, in-fol., mar. noir, comp. de fil. dor., dos orné, dent. int., tr. dor. (*Rel. anc.*).

Aux armes de la Ville de Paris.

67 — **Ordonnances royales**, état militaire, etc. 7 vol. in-12, rel.

État militaire de France. 1781, pet. in-12. — Loix, statutz et ordonnances de Henri II, 1853. — De la noblesse, ancienneté, remarques et mérites d'honneur de la troisième Maison de France, 1587. — Origines des dignitez et magistrats de France. Recueillies par Claude Fauchet, 1606. — Crimes des Bourbons depuis Louis XIII jusqu'à Charles X. 1830, fig. — Discours funèbre à l'honneur de la mémoire du très clément... Henry IV. 1610.

68 — **Ordres de chevalerie.** Légion d'honneur. 4 vol.

Ordres de chevalerie autorisés en France. Par A. Daguin et Ch. Bardies. 1894, gr. in-8°, planches en couleurs, br. — Histoire de la Légion d'honneur, par M. Saint-Maurice. 1833, in-8°, cart., non rog. — Annuaire de la Légion d'honneur. Année 1852-1853, in 8°, demi-rel. veau olive. — Recueil de documents officiels concernant les décorations, par J. Saumur. *S. d.*, in-8°, br.

69 — **Paris** (Histoire administrative de). 6 vol.

Le bailliage du Palais-Royal de Paris, par Ch. Desmazes. 1875, in-12, br. — Histoire des premiers électeurs de Paris en 1789, par Duveyrier. 1828, in-8°, dos et coins veau bleu, tr. marbr. (*Rel. de l'époque*). — Liste de MM. les Électeurs du département de Paris. 1790, in-8°, dos et coins toile. — L'Hôtel de Ville et la bourgeoisie de Paris, depuis les temps les plus reculés jusqu'à 1789, par P. Rittiez. 1862, in-8°, dos et coins toile, non rog. — Nos Édiles, par Ernest Gay. 1895, gr. in-8°, br. — La Juridiction consulaire de Paris, 1563-1792, par M. G. Denière. 1872, gr. in-8°, demi-rel. mar. bleu, tr. marb.

70 — **Paris.** Histoire. 7 vol.

Dictionnaire de l'ancien Paris, par Fr. Lock. *S. d.*, in-12, demi-rel. mar. noir. — Paris en 1879, par A. Babeau. 1892, gr. in-8°, fig., demi-rel. mar. rouge, tête dor., non rog. — Le Nouveau Paris. Histoire de ses 20 arrondissements, par E. Labédollière. Illustrations de G. Doré. *S. d.*, in-fol., fig., demi-rel. mar. bleu. — Monographie du VIII° arrrondissement, par H. Bonnardot. Etude archéologique et historique. Avec 9 planches. 1880, in-4°, br. — Le VIII° arrondissement et son administration pendant le siège de Paris, par E. Denormandie. 1875, in-12, demi-rel. mar. noir. Le VIIIe arrondissement. Souvenirs historiques, par H. Viel. Lamare, 1877, in-12, br. — Souvenirs historiques du VIIIe arrondissement, par Mlle de Châteauminois. 1878, in-12, br.

71 — **Paris**. Monuments de Paris. 8 vol. et broch., rel. et br.

Desmaze (Ch.). La Sainte-Chapelle du Palais de Justice de Paris. 1873, in-12, br. — Gaudréau. Notice descriptive et historique sur l'église et la paroisse Saint-Eustache de Paris. 1855, in-12, dos et coins veau noir, non rog. — Guilhermy (F. de). Description de la Sainte-Chapelle, avec six gravures de M. Gaucherel. 1887, br. in-12. — Regnault (A.). Revue anecdotique des Champs-Élysées et de leurs environs. 1883, in-12, br. — Roquefort (B. de). Dictionnaire historique et descriptif des monuments religieux, civils et militaires de la ville de Paris. *Ferra*, 1826, in-8°, demi-rel., mar. noir. — Savornin. Notice historique sur la chapelle expiatoire. 1865, in-12, br. — Thierry et Coulon. Notice historique sur l'Arc de Triomphe de l'Etoile. 1836, br., in-8°.

72 — **Paris** (Ouvrages relatifs à). 7 vol.

Le Géographe parisien, ou le conducteur chronologique et historique des rues de Paris. 1769, 2 vol. in-12, veau br. — Etat ou tableau de la ville de Paris, considérée relativement au nécessaire, à l'utile, à l'agréable et à l'administration. 1760, in-8°, veau rac. — La Généralité de Paris, divisée en ses XXII élections. 1710, in-12, veau br. — Recherches sur les consommations de tout genre de la ville de Paris en 1817, comparées à ce qu'elles étaient en 1789, par M. Benoiston de Chateauneuf. 1820, in-8°, demi-rel. mar. bleu. — Almanach du voyageur à Paris, par M. Thiéry. Année 1784, in-12, veau éc. (*Rel. anc.*) — Ordonnances sur les enseignes. Paris, 1761, in-4°, cart.

73 — **Paris** (Rues de). 4 vol. reliés.

Fournel (Victor) Les Rues du Vieux Paris. Galerie populaire et pittoresque. 1881, gr. in-8°, figures, dos et coins mar. rouge, fil. dor., dos orné, tête dor., non rog. — Fournel (V.). Le Vieux Paris. Fêtes, jeux et spectacles. 1888, pet. in-fol., figures, demi-rel., mar. bleu, tête dor., non rog. —

Heulhard (Arthur). La Foire Saint-Laurent, son histoire et ses spectacles. 1878, in-8°, dos et coins mar. gren., tête dor., non rog. — Lazare (Félix et Louis). — Dictionnaire administratif et historique des rues de Paris et de ses monuments. 1844, gr. in-8°, demi-rel., veau bleu.

74 — **Parlement de Paris** (Histoire du). 6 vol., rel. et broch.

Les Ouvertures des parlements, faites par les roys de France; tenant leur lict de justice. *Rouen, Jean le Mounier,* 1620, in-12, bas., dent., dos orné, tr. marb. (*Rel. anc.*). — Histoire du parlement de Paris, par l'abbé Big. (par Voltaire). *Amsterdam,* 1769, 2 vol. in-8°, veau marb., fil. dor., dos orné, tr. marb. (*Rel. anc.*). Histoire du parlement de Paris, *s. d.* — 1771, in-12, demi-rel. chag. — Le Parlement de Paris, son organisation, son histoire (1334-1859), par Ch. Desmaze. 1859, in-8°, demi-rel., mar. noir, tr. marb. — Histoire du Palais de Justice de Paris et du Parlement, par Rittiez, 1862, in-8°, br.

75 — **Plans de Paris**. 9 vol.

Plans publiés en 1783, 1790, 1803, 1826, 1835, etc.

76 — **Pièces manuscrites** (légères, satiriques...), diverses, 3 vol.

Origine des puces. Brevet de Vénus. Les Saintes de Marly (1737) en 1 vol. in-4°, demi-rel., mar. bleu, tr. dor.— Pamphlets contre les Jésuites. Chansons diverses, *s. d.*, en 1 vol. in-8°, vélin vert. — Recueil de cantiques en vers, dont un grand nombre de titres singuliers et bizarres, *s. d.*, in-8°, non rel.

77 — **Police de Paris**. 5 vol. in-8°, br. et rel.

Frégier. Histoire de l'Administration de la police de Paris, depuis Philippe-Auguste jusqu'aux États Généraux de 1789. 1850, 2 vol.— Guyon. Biographie des commissaires de police et des officiers de paix de la ville de Paris, 1826.— La Préfecture de police, par un vieux petit employé. Procès de la *Lanterne* avec tous ses incidents, 1789.— Rey (A.) et Féron (L.). Histoire du corps des gardiens de la paix. 1896, gr. in-8°, br.

78 — **Provinces** (Ouvrages relatifs aux). 17 vol. in-8° et in-12, brochés et rel.

Armorique et Bretagne, par René Kerviler. 1893. 3 vol. in-8°. — Epoques antédiluvienne et celtique du Poitou, par Brouillet et Meillet, in-8°, dos et coins mar. vert, dos orné. — Angers. Inventaire du Musée d'antiquités, Saint-Jean et Toussaint, par V. Godard-Faultrier. 1884. — Fouilles faites à Carnac. (Bretagne). Les alignements de Kermario, par J. Miln, 1881, in-4°. — Blois et ses environs, par L. de la Saussaye, 1882. — Description de l'amphithéâtre de Nîmes, par A. Pelet. 1866, in-8°. — Jublains (Mayenne). Notes sur ses antiquités, par H. Barbe, 1865, in-8°. — L'Histoire de la ville de Nismes et de ses antiquités, par le s[r] H. Gautier. 1720, in-8°, veau fauve (*Rel. anc.*). — Vésone et ses monuments sous la domination romaine, par le Dr Galy (1859), in-8°. — Les Costumes du pays de Normandie... Rouen, 1623, pet. in-12, vél. à rec., etc.

79 — **Prudhomme** (L.). Dictionnaire des individus envoyés à la mort judiciairement, révolutionnairement et contre-révolutionnairement pendant la Révolution, particulièrement sous le règne de la Convention nationale. Avec des gravures et des tableaux, par L. Prudhomme. *Paris, an IV* (1797). 6 tomes en 5 vol. in-8°, bas. fauve, dos orné. (*Rel. anc.*).

80— **Reichstadt** (Ouvrages relatifs au duc de). 4 vol. in-8°, rel.

Hommages poétiques à leurs Majestés Impériales et Royales sur la naissance de S. M. le Roi de Rome, recueillis et publiés par J.-J. Lucet et Eckard. *Prudhomme*, 1811, 2 vol., bas. fauve, dent. dor., dos orné (*Rel. anc.*). — Franc-Lecomte. Histoire de Napoléon II, né roi de Rome, mort duc de Reichstadt. 1842, gr. in-8°, demi-rel., veau rouge. — Grand-Carteret (John). L'Aiglon en images et dans la fiction poétique et dramatique, avec 138 reproductions de portraits et estampes. *Charpentier*, 1901, demi-rel., mar. vert, tête dor., non rog.

81 — **Réunion** de 10 vol., rel. en veau ou mar. anc., avec armoiries.

Aux armes de : Louis XIV, Philippe d'Orléans, Mme de Pompadour, le Régent, comte d'Hoym, etc.

82 — **Révolution française**, ou analyse complète et impartiale du Moniteur, suivie d'une table alphabétique des personnes et des choses. *Paris*, 1801. 6 vol. in-4°, front. et vign., veau marb., dos orné. (*Rel. anc.*).

83 — **Révolution française** (La). Revue d'histoire moderne et contemporaine, publiée par la Société de l'histoire de la Révolution. Directeur, F. A. Aulard. Années 1891, 1892 ; 1894 à 1900. *Paris*, 1891-1900. 9 vol. gr. in-8°, demi-rel. chag. rouge, non rog.

84 — **Révolution française.** Journaux et documents. 4 vol. in-4° et in-8°, rel.

Journal de Versailles, ou affiches, annonces et avis divers, 6 juin-2 décembre 1789, in-4°. — Courrier extraordinaire ou le premier arrivé, 27 mars, 28 juin 1790. — Liste générale et très exacte des noms, âges, qualités et demeures de tous les conspirateurs condamnés à mort par le Tribunal révolutionnaire. 1793. — La Justice révolutionnaire à Paris, Bordeaux, Brest, Lyon, etc., par Berriat Saint-Prix, 1861.

85 — **Révolution française** (Ouvrages relatifs à la). 8 vol.

Dictionnaire historique et géographique de la Révolution et de l'Empire par Robinet (1789-1815). *S. d.*, 2 vol. gr. in-8°, rel. toile. — Biographie moderne, ou galerie historique, civile, militaire, politique. *S. d.*, gros in-8°, demi-rel., mar. — Catalogue de l'exposition historique de la Révolution française, 1889, in-8°, dos et coins mar., tête dor., non rog. — Petite biographie conventionnelle, 1816, in-12, demi-rel. veau. — Les véritables auteurs de la Révolution de France de 1789-1797, in-8°, demi-rel. veau. — La Bedoyère (H. de). Documents sur la Révolution française, 1862, gr. in-8°, dos et coins mar., tête dor., non rog. — Saint-Albin A.-R.-C. de). Documents relatifs à la Révolution française, 1873, gr. in-8°, demi-rel., mar.

86 — **Révolution française** (Ouvrages relatifs à la). 11 vol. rel.

Remarques historiques sur la Bastille, *Londres*, 1789. — Recueil de pièces diverses, relatives à la fuite du roi et à son retour de Varennes, *Paris*, 1791. — Confédération nationale, ou récit exact de tout ce qui s'est passé à Paris le 14 juillet 1790, à la fédération. *Paris*, 1793. — Vie publique et privée de M. le marquis de Lafayette. — Papiers trouvés chez Robespierre et ses complices, par E.-B. Courtois. *Paris*, an III. — Dictionnaire des Jacobins vivants, dans lequel on verra les hauts faits de ces messieurs. *Hambourg*, 1799. — Tableau chronologique de la Révolution, par G. Heulhard-Montigny. *Paris*, 1903, etc., etc.

87 — **Révolution française**. Mémoires. 12 vol. in-8° et in-12, rel.

Goguelat (Baron de). Mémoire sur les événements relatifs au voyage de Louis XVI à Varennes, 1823, in-8°, demi-rel., veau bl. — Sanson. Mémoires pour servir à l'histoire de la Révolution française, 1829, 2 vol in-8°, demi-rel., veau fauve, dos orné. — Vasselin. Mémorial révolutionnaire de la Convention, 1797, 4 vol, in 12, demi-rel., veau olive. — Les Souvenirs de l'histoire, ou le diurnal de la Révolution de France, pour l'an de grâce 1797, 2 vol. in-12, demi-rel., veau rouge. — Mémoires sur les journées de septembre 1892, par M. J. de Saint-Méard, l'abbé Sicard, etc., 1823, in-8°, br. — Theroïgne de Méricourt la jolie liégeoise; correspondance publiée par le vicomte de V. Y..., 1836, 2 vol. in-8°, demi-rel. mar. rouge.

88 — **Révolution française** (Ouvrages relatifs à la). 13 vol.

Ancelon. La Vérité sur la fuite et l'arrestation de Louis XVI à Varennes, 1866, gr. in-8° br. — Charavay (E.), Lazare Carnot, d'après sa correspondance. *S. d.*, gr. in-8°. br. — Graterolle (M.). Robespierre (1758-1794). Avec un portrait de l'époque. 1894, in-12, br. — D'Héricault (Ch.). La Révolution de Thermidor, 1878, in-12, br. — Lecocq (G.) La Prise de la Bastille et ses anniversaires, d'après des documents inédits. 1881, in-12, demi-rel , mar. gren., tête dor., non rog. — Lepelletier Saint-Fargeau. Œuvres,

1826, in-8°, demi-rel., veau bleu (rare). — MONIN (H.). Journal d'un bourgeois de Paris en 1789-1889, in-12, br. — SOREL (A.). L'Europe et la Révolution française. Bonaparte et le Directoire. 1903, in-8°, demi-rel., mar. gr., etc.

89 — **Sadoleti** (Jacobi), episcopi Carpentoracti, S. R. E. cardinalis epistolarum libri sexdecim. Ejusdem ad Paulum Sadoletum epistolarum liber unus. *Coloniae Agrippinae*, 1575, in-8°, peau de truie, comp. de fil. et encad. de figures poussées à fr., milieux ornés de deux grandes figures à froid, le Crucifiement et la Résurrection (Rel. anc.).

Curieuse reliure du XVIe siècle.

90 — **Sainte-Hélène**. Translation du cercueil de l'empereur Napoléon à bord de la frégate *La Belle-Poule*. Histoire et vues pittoresques de tous les sites de l'île se rattachant au mémorial de Sainte-Hélène et à l'expédition de S. A. R. Mgr le prince de Joinville, par M. Henri Durand-Brager. *Paris*, *Gide*, 1844, gr. in-fol., planches, demi-rel. mar. noir.

29 portraits et planches lithographiés.

91 — **Société de l'histoire de la Révolution française**, 1888-1904. 14 vol. gr. in-8°, br.

AULARD (F.-A.) Séances des Communes. Consulat provisoire. — Mémoires secrets de Fournier l'Américain. — Mémoires de Chaumette. L'État de la France en l'an VIII et en l'an IX. Ens. 6 vol. — BELHOMME. Les Régicides. — BRETTÉ (A.). Les Constituants.— CHARAVAY (E.). Le général Lafayette. 1757-1834. — CAMPARDON (E.). Liste des membres de la noblesse impériale. — CHAMPION (Ed.). Qu'est-ce que le Tiers-Etat. — GUIFFREY (J.). Les Conventionnels. — KUSCINSKI (A.). Les Députés à l'Assemblée législative de 1791. — LACROIX (S.). Le Département de Paris et de la Seine, pendant la Révolution. — TOURNEUX (M.). Procès-verbaux de la commune de Paris (1792-1793.)

92 — **Tourneux** (Maurice). Bibliographie de l'histoire

de Paris pendant la Révolution française. *Paris, imprimerie nouvelle*, 1890, 3 vol. gr. in-8° et 1 fascicule, brochés.

93 — **Vies privées des princes du sang**. Louis-Stanislas-Xavier, Monsieur, frère de Louis XVI — Charles-Philippe de France, ci-devant comte d'Artois, frère du Roi — Mgr le duc de Chartres — Louis-Philippe-Joseph duc d'Orléans — Louis-Joseph de Condé. Et différentes pièces relatives à ces princes. *Paris et Londres*, 1784-1790, en 1 vol. in-8°, dos et coins mar. vert, tr. marb.

94 — **Voltaire**. Œuvres complètes. *Paris, Th. Desoer*, 1817, 12 tomes en 25 vol. in-8°, fig., demi-rel. mar. rouge, dos orné, non rog. (*Rel. de l'époque*).

Exemplaire imprimé sur *papier vélin*, auquel on a ajouté 180 figures et portraits de *Moreau, Desrais, Cochin, Saint-Aubin*, etc.

95 — **Zutphanie** (Gerardi). Incipit devotus tractatulus de spūalibus ascensionibus oībus in spūali vita proficere volentibus, non nimus necessarius quam utilis *S. l. n. d.* 60 ff. non chiff. — **Bonavētura**. Incipit soliloquiū sācti Bonavēture de quattuor exercitiis. *S. l. n. d.* (Marque de Jehan Petit sur le titre). 48 ff. non chiff. — Ens. 2 ouvrages en 1 vol. pet. in-8° goth., demi-rel. mar.

Le premier ouvrage est orné de 2 figures gravées sur bois.

96 — **Livres en lots**.

AUTOGRAPHES

97 — **Antommarchi** (François), médecin de Napoléon Ier à Sainte-Hélène, n. 1770, m. 1838.

1° Minute aut. d'une lettre à l'Impératrice Marie-Louise, 1 p. 1/2 in-4°.

Il demande la délivrance des legs que lui a faits l'Empereur.

2° L. s. à MM. Colnaghi; Paris, 17 juin 1834, 1 p. in-4°.

Il les prie d'annoncer que les masques de l'Empereur que l'on vendrait sans accompagnement de sa signature ne sont pas authentiques.

3° Pièce aut., 1/2 p. in-12.

Ordonnance médicale.

98 — **Armée.** 108 pièces.

Documents manuscrits et imprimés, congés, brevets, concernant l'armée, billets de logements, maladies, ordonnances et règlements, etc.

99 — **Armée.** 50 pièces du XVIIIe siècle.

Ces pièces, pour la très grande partie, sont des congés délivrés à des militaires, dont chacun est pourvu d'un surnom. Cette réunion a été constituée pour faire ressortir l'usage fréquent et la diversité des surnoms employés dans l'armée au XVIIIe siècle.

100 — **Artois** (État de la garde-robe du comte de).

P. s. *Charles-Philippe*, par le comte d'Artois; Versailles, 15 juin 1789, 7 p. in-folio.

Compte rendu fait au comte d'Artois, par le comte de Thianges, pour les dépenses de sa garde-robe pendant l'année 1787.

101 — **Augereau** (Pierre-François-Charles), duc de Castiglione, célèbre maréchal d'Empire, n. 1757, m. 1816.

1° L. a. s. au chef de bataillon Granvoinet; Perpignan, 29 ventôse an VI, 1 petit in-folio, vignette imprimée.

2° L. s. de DAVOUT au maréchal Augereau, à Caen; Paris, 28 mars 1815, 1/2 p. in-fol.

Curieuse lettre où il lui annonce que l'Empereur ne veut pas le voir et lui ordonne de se retirer dans ses terres. Napoléon manifestait ainsi son ressentiment à Augereau d'avoir laissé l'armée de Lyon dans une immobilité qui contribua à la capitulation de Paris en 1814.

102 — **Babeuf** (François-Noël), dit CAÏUS GRACCHUS, rédacteur du *Tribun du peuple*, chef de la tentative communiste, qui avorta le 21 floréal an IV, né à Saint-Quentin, 1764, décapité à Vendôme, le 25 mai 1797.

1° P. s. par MERLIN, de Douai, ministre de la justice, 22 pluviôse an IV (11 février 1796), 2 p. 1/2 in-folio.

Copie certifiée conforme du rapport du juge de paix de la section des Champs-Élysées. — Le 16 mai, par ordre du Directoire, la femme *Langlet*, distributrice du journal le *Tribun du peuple*, a été mise en arrestation, comme complice de Babeuf. Elle a déclaré, dans l'interrogatoire, qu'elle était l'épouse de Babeuf lui-même, mais s'est tue sur tout le reste, refusant d'indiquer la retraite de son mari, qui se cache sous le nom de *Roche*. On espérait découvrir Babeuf par les allées et venues de son fils, qui lui servait d'intermédiaire avec sa femme; mais la négligence des inspecteurs de police a fait échouer les mesures prises dans ce but. La femme Babeuf a été écrouée à la Petite-Force. — Le juge de paix, nommé *Lamaignière*, termine ainsi son rapport : « Tout ce que j'ai pu apprendre, c'est que le café Chinois, sur le boulevard Montmartre, est un point de réunion pour les partisans du système de Babeuf. Il paraîtrait même que son ouvrage s'y distribue : C'est à un homme adroit à en acquérir la preuve. En s'y prenant bien, il pourrait y apprendre peut-être le lieu de la retraite de Babeuf. » — (Dans le n° 40 de son *Tribun du peuple*, qui parut huit jours après, Babeuf parle de ces poursuites dans un article, intitulé : *Atroce attentat du gouvernement dans l'arrestation de ma femme et l'assassinat de mes enfants.*)

2° P. s. par HOUDEYER, secrétaire général du Comité de sûreté générale ; Paris, 15 ventôse an III (5 mars 1795), 1 p. in-4°, tête et vignette imprimées, cachet.

Arrêté du Comité de Salut public, ordonnant que les nommés Babeuf, Pouré et Le Bois, détenus à la maison d'arrêt de la rue des Orties, seront à l'instant transférés à celle de la Force.

3° L. a. s. à l'agent national de la Commune et aux municipaux d'Arras ; (Arras), 14 germinal an III, 2 p. in-4°.

Curieuse épître où il se plaint qu'on intercepte sa correspondance. Il considère cet acte comme une lâcheté insigne ; il fulmine contre les oppresseurs du peuple et leur prédit une prochaine révolte des opprimés.

4° L. a. s. à Langlet, procureur de la commune d'Arras ; maison d'arrêt des Baudets, à Arras, 1er fructidor an III, 2 p. in-4°.

Importante lettre où il proteste contre sa mise au secret. On a refusé de le laisser communiquer avec le citoyen Gonord, lieutenant de dragons. Il demande justice de ces procédés.

5° L. a. s. à Barras ; Paris, 25 nivôse an IV, 1/2 p. in-4°.

Il demande une réponse à sa précédente lettre et s'informe s'il peut compter sur la protection du Directoire et la répression des tracasseries du ministre Merlin.

103 — **Barbaroux** (Charles-Jean-Marie), député des Bouches-du-Rhône à la Convention, illustre membre

du parti Girondin, n. à Marseille, 1777, décapité 1794.

P. a. s. de 4 petites lignes, signée aussi par Bonnier et Delahaye, 1/2 p. in-4°. *Rare.*

104 — **Basire** (Claude), député de la Côte-d'Or à la Convention, décapité le 5 avril 1794.

L. a. s. (à Hébert ?) ; 30 avril 1792, 1 p. in-8°.

Curieuse lettre écrire dans le style du Père Duchesne, émaillée d'obscénités.

105 — **Berryer** (A.-P.), illustre orateur et homme d'État, de l'Académie française, n. 1790, mort 1868.

1° L. a. s. au marquis de Villette; Paris, 28 décembre 1857, 1 p. 1/2 in-8°.

Curieuse lettre politique. Il va rechercher dans le *Figaro* le mensonge posthume de « Feuchères (mari de la maîtresse du prince de Condé) et la réponse que vous y avez faite. Il regrette l'exil prolongé du Roi : « Encore une année se termine sans que vos vœux et les miens soient exaucés ; l'an prochain nous sera-t-il plus favorable ? »

2° L. a. s. au président de la Cour des Pairs ; Paris, 18 août 1846, 1 p. 1/2 in-4°. — 3° P. s. par le chevalier Pasquier; 19 août 1846, 1 p. in-8° oblong.

Lettre relative à la défense du régicide Joseph Henry. La pièce signée par le chancelier Pasquier est une permission pour laisser Berryer communiquer avec l'accusé.

106 — **Bertrand** (Henri-Gratien), général, grand maréchal du Palais de Napoléon Ier.

8 l. a. s. et 3 p. aut., la plupart adressées à son ami Faydel; 1805-1808, 12 p. in-4° ou in-8°.

Le 3 brumaire an XIV Bertrand annonça les grands succès remportés par Napoléon. « Quel homme que l'Empereur, mon cher Faydel, les combinaisons les plus sublimes ne lui coûtent rien ; il joue avec les événements de la plus haute importance. Il agit à coup sûr, comme il juge les hommes, les choses et les résultats. Aussi inspire-t-il à tout le monde la confiance la plus entière, mais il faut être près de lui pour le bien juger. »

107 — **Bouchotte** (Jean-Baptiste-Noël), ministre de la guerre pendant la Terreur, n. à Metz, 1754, m. 1840.

1° 2 l. a. s. ; 17 avril 1773 et 13 brumaire an IV, 2 p. 1/2 in-4°.

Dans la dernière lettre il sollicite la main-levée des scellés apposés maison Georges, section du Mont-Blanc et la restitution des armes qu'on a saisies lors de son arrestation.

2° Sa signature sur une copie d'un lettre de Hardi, agent du pouvoir exécutif à l'armée des Pyrénées-Orientales, 4 janvier 1793, 1 p. in-folio.

Approbation de la nomination d'Augereau au grade de général de division. Dénonciation contre le général d'Aoust. ci-devant noble. — On a joint une pièce portant quelques notes autographes de Bouchotte et une copie d'une convention franco espagnole.

108 — **Brevets et congés**. 90 pièces.

Documents avec encadrements et sujets allégoriques pour la plupart antérieurs à 1789.
Ce lot pourra être divisé.

109 — **Brevets et congés**. 110 pièces.

Pièces avec encadrements et sujets allégoriques ; ils datent, pour la plupart, de la Révolution française.

110 — **Brune** (Guillaume-Marie-Anne), illustre général républicain maréchal de l'Empire, n. 1763, massacré en 1815.

1° L. a. s. à Joséphine Bonaparte ; 1/2 p. in-folio, tête imprimée.

Curieuse pièce ainsi conçue : « Madame je vous envoie la Vénus couchée, que j'ai fait venir d'Italie pour vous. Sa pose convient parfaitement à un boudoir ou à l'ornement d'un bain. »

2° L. a. s. à M. Laumond; Saint-Just, 20 janvier 1814, 2/3 de p. in-4°.

Intéressante lettre intime : « Nos santés sont assez bonnes. Il ne me manque à moi, qu'un ordre de l'Empereur pour être mis au nombre de ses meilleurs soldats. »

111 — **Carnot** (Marie-François-Sadi), quatrième président de la République française, n. 1837, m. 1894.

L. a. s.. à un ami, Paris, 25 avril 1891, 1 p. 1/2 in-8°.

Jolie et rare lettre écrite comme Président de la République « Je n'attendais pas moins de ta bonne amitié dans les circonstances actuelles et aussi de ton dévouement à la cause qui nous est chère comme elle l'a été à nos pères. » — On a joint une lettre de Madame C. Carnot.

112 — **Carra** (Jean-Louis), publiciste, député du département de Saône-et-Loire à la Convention, ardent montagnard, puis partisan des Girondins qui entraînèrent dans leur chute, n. à Pont-de-Veyle (Ain), 1742, décapité, 31 octobre 1793.

L. a. s. au président de la Convention; Prison de l'Abbaye, 4 août 1793, l'an II de la République, 3 p. 1/2 in-folio.

Superbe pièce où il rappelle les preuves de patriotisme qu'il a données en toutes circonstances et fait ressortir la mauvaise foi de ses accusateurs. Il demande à ce que le décret d'arrestation rendu contre lui soit transformé en une surveillance dans son logement. Il est prêt à rendre compte de l'origine de sa fortune; il ne la doit qu'à son travail.

113 — **Carrier** (Jean-Baptiste), député du Cantal à la Convention, fameux par sa mission à Nantes, 1756, décapité en 1793.

P. s., écrite et signée par Turreau, signée aussi par Ruelle; août (1794), 1 p. in-4°.

Ils déclarent que le citoyen La Chevardière, ancien vice-président du département de Paris, est un très bon patriote.

114 — **Carteaux** (Jean-François), célèbre général, qui commença le siège de Toulon et défendit la Convention au 13 vendémiaire, peintre d'histoire estimé, n. 1751, m. 1813.

1° L. a. s. *Carteaux, général sans-culotte ;* Paris, 10 brumaire, an III, 1/2 p. in-fol.

Il est libre après huit mois de captivité, mais ses effets ont été *houzardés* et il ne lui reste plus que son sabre et son courage.

2° L. s. au citoyen Alexandre, commissaire-ordonnateur; Paris, 22 nivôse an II, 1 p. in-4°. Tête et vignette gravées.

115 — **Chaumette** (Pierre-Gaspard), procureur de la Commune de Paris, un des principaux chefs du parti héberbiste, n. 1763, décapité en 1794.

2 l. s. au procureur-syndic du département de Paris et à Avril, administrateur des travaux publics; Paris, 23 août 1793 et 11 frimaire an II, 3 p. in-4°, tête et vignette imprimées.

Paiement des travaux effectués au Champ de Mars pour la fédération de 1790 ; transformation du passage de Lesdiguière en rue.

116 — **Choiseul** (Étienne-François, duc de), le célèbre ministre de Louis XV, n. 1719, m. 1785.

L. s., avec 4 lignes aut., à Joly de Fleury; Versailles, 19 avril 1759, 1 p. 1/4 in-fol. (*Coll. B. Fillon.*)

Il mande que Voltaire réclame pour la terre de Ferney, qu'il vient d'acquérir pour sa nièce, Mme Denis, les privilèges dont jouissaient les précédents possesseurs.

117 — **Clarke** (Henri-Jacques-Guillaume), duc de Feltre, ministre de la guerre sous Napoléon Ier, maréchal de France, n. 1765, m. 1818.

1° L. a. s. à Napoléon Ier; Paris, 2 juillet 1809, 2 p. in-fol.

Très curieuse pièce. Il lui expose la situation embarrassée de Carnot, qui vient de perdre 12,500 francs, toute sa fortune, dans une spéculation coloniale. Il demande à l'Empereur de nommer Carnot général de division dans l'arme du génie. « Je ne puis finir sans admirer, Sire, cette grandeur d'âme qui vous met au-dessus des petites passions, des petites vengeances des hommes ordinaires. Ce que fait Votre Majesté dans cette occasion est digne de sa gloire qu'aucune gloire n'a égalée. Je sens doublement la noblesse de cette action, parce que je suis dévoué à Votre Majesté et parce qu'elle permet que je sois l'intermédiaire d'une grâce à laquelle la reconnaissance que je dois à M. Carnot me fait attacher du prix. »

2° 3 l. s. dont une au maréchal Kellermann; Paris, 1809-1816, 3 p. in-folio.

118 — **Cocarde nationale.** 6 pièces imprimées et 1 manuscrite concernant la cocarde tricolore: Arrêté de la Commune de Paris concernant l'obligation du port de la cocarde, décret de la Convention enjoignant aux femmes de porter la cocarde, etc...

119 — **Condé** (Louis-Joseph de Bourbon, prince de), le commandant en chef de l'armée des émigrés, n. 1726, m. 1818.

1° L. a. s. au maréchal de Castries; Ettlingen (duché de Bade, 18 novembre 1794, 1 p. in-4°.

Curieuse lettre de l'époque de l'émigration. Il a demandé de l'argent pour payer son armée par l'intermédiaire de M. de Vassé; il n'a pas été plus heureux avec le concours du général de Browne; il espère que le duc de Richelieu (depuis ministre de Louis XVIII) réussira auprès du ministre autrichien, M. de Thugutt. Il lui demande s'il a entendu dire, « par les bruits qui courent, que l'Empereur nous cède aux Anglais; quant à moi, je n'en ai aucun avis officiel ».

2° P. s.; Feistritz (Autriche), 29 mars 1801, 1 p. 1/4 in-fol.

Passe-port délivré à M. de Mauny.

120 — **Constant** (Louis-Constant *Wairy*, dit), valet de chambre de Napoléon Ier, sur lequel il a publié des *Mémoires*, né à Péruels (Belgique).

1° L. a. s. au roi Louis-Philippe; Paris, 29 septembre 1832, 1 p. in-fol. Un peu fatiguée dans les plis. *Rare*.

Il réclame un emploi : « Vous n'aurez pas, Sire, de serviteur plus dévoué. »

2° L. a. s. Dupont de l'Eure, 1 p. in-4°.

Il demande la place de concierge du château de Saint-Cloud.

121 — **Conventionnels**. 31 pièces: Vadier, Treilhard, Bernard (de Saintes), Le Cointre, Lakanal, Guyton de Morveau, Dusaulx, Courtois, Jeanbon Saint-André, Boissy d'Anglas, Vernier, etc.

122 — **Corporations**. 210 pièces.

Documents manuscrits et imprimés concernant les corporations et métiers, les manufactures, les maîtrises et jurandes.

123 — **Couthon** (Georges), fameux conventionnel, ami de Robespierre, n. 1756, décapité en 1794.

1° L. a. s. à Gaultier de Biauzat; 4 juillet 1789, 1 p. in-4°.

Il le félicite sur sa conduite aux Etats-Généraux. « Vous vous immortalisés, votre gloire est enfin avouée généralement et il n'y a plus ici qu'un seul cri pour vous louer et pour vous louer jusqu'à l'enthousiasme. Vous auriés versé des larmes de joie si vous eussiés été témoin de ce qui se passait à l'assemblée d'hier et de la manière dont votre fils, qui vient de faire un discours, fut accueilli. »

2° Apostille de 2 petites lignes aut. sig., sur une lettre à lui adressée (1794), 1 p. in-4°.

124 — **Davout** (Louis), prince d'Eckmühl, duc d'Auerstaedt, illustre maréchal de l'Empire, n. 1770, m. 1823.

1° L. s. au ministre de la Guerre; Paris, 8 nivôse, an X, 1 p. in-4°, tête et vignette imprimées.

2° L. s. à Napoléon Ier; Hambourg, 8 février 1812, 2 p. in-folio.

Il lui demande le paiement d'une somme de 125,000 francs qui est due aux pensionnaires des départements hanséatiques. En marge on voit le renvoi de la demande de Davout au ministre des finances avec la signature N. autographe de Napoléon Ier.

3° P. s.; Paris, 14 avril 1815, 1 p. in-folio.

125 — **Déroulède** (Paul), le célèbre poète, président de la Ligue des patriotes.

P. de vers aut. sig.; 1 p. in-8°. Papier à lettre avec la vignette de la Ligue des patriotes.

Jolie pièce :

« France, veux-tu mon sang! Il est à toi, ma France!
« S'il te faut ma souffrance,
« Souffrir sera ma loi;
« S'il te faut mort : Mort à moi!
« Et vive toi!
« Ma France! »

126 — **Desmoulins** (Camille), célèbre publiciste, député de Paris à la Convention, n. 1760, décapité le 5 avril 1794.

1° P. aut., 1 p. petit in-4°.

Notes de lecture.

2° l. a. s. par Beylard à Camille Desmoulins; Sainte-Foy, 1791, 1793, 3 p. in-4°.

Dans l'une il le félicite d'être conventionnel et parle du bon ami Danton.

127 — **Divers.** 155 pièces. — Maréchal Pélissier, Cuvier, Condorcet, Général Leclerc, Mathieu Dumas, Drouot, Duc de Richelieu, Prince de Joinville, Berthier, J.-J. Lagrenée, H., Duc de Montmorency, Vaudoyer, Général Boulanger, Ch.-F. duc de Berry, Cora Pearl, X. de Montépin, Cardinal de Noailles, Deguerry, Comte Marchand, etc.

128 — **Divers.** 16 pièces. — Trochu, Rovere, Mme Lebrun, Elie, Curtius, Clauzel, Catinat, Bugeaud, Louis-Philippe, Général Bertrand, Mac-Mahon, etc.

129 — **Divers.** 50 pièces. — Abd-el-Kader, R. Houdin, Lord Seymour, Montyon, Baron Fain, Bourrienne, Le Verrier, Larrey, Lacépède, Jussieu, Dumont d'Urville, etc.

130 — **Fabre d'Eglantine** (Philippe-François-Nazaire), auteur dramatique, célèbre conventionnel.

1° P. s.; Paris, 1er novembre 1790, 2/3 de p. in-4°.

Acte de cession de son ouvrage *Isabelle de Salisbury*, opéra en 3 actes.

2° P. s. par l'archiviste du tribunal révolutionnaire; Paris, 7 floréal an II, 1 p. in-4°. En-tête imprimé du tribunal révolutionnaire.

Il certifie que le citoyen Degaigné, huissier du tribunal, a déposé au greffe une redingote de soie et une de laine, un gilet de satin blanc, une paire de draps, un traversin et deux couvertures de laine, huit chemises, dont six en toile de coton, six mouchoirs rayés à carreaux, quatre bonnets de coton, une paire de bas blancs en soie, quatre mouchoirs et quatre cravates, qu'il a déclaré appartenir à Fabre d'Églantine, condamné à mort.

3° Pièce manuscrite; 25 pluviôse an III, 50 p. in-folio.

Curieux documents. C'est l'inventaire des meubles et effets de Fabre d'Églantine, dressé par Prévost, commissaire du bureau du Domaine national du département de Paris. La prisée s'élève à la somme de 25,509 livres.

131 — **Factures**. 195 pièces.

Factures avec entêtes gravés et imprimés, fournitures à de grands personnages, etc.

132 — **Favras** (Thomas Mahi, marquis de), fameux agent du comte de Provence, n. à Blois, 1765, pendu en place de Grève, le 19 février 1790.

L. a. s. à M. Cuvillier; Calais, 25 février 1765, 3/4 de p. in-4°. *Rare.*

133 — **Favre** (Jules), célèbre avocat et homme politique, n. 1809, m. 1880.

1° L. a. s. à Crémieux; Paris, 3 octobre 1870, 1 p. 1/2 in-4°.

Très curieuse lettre où il lui demande pour quelles raisons il a fixé les élections de la Constituante au 17 octobre. Il craint que la campagne électorale ne fasse du tort à la défense nationale. « Vous ne devez songer qu'à réunir des hommes armés, à les former et à les faire marcher à l'ennemi. Pour cela il faut sortir de la routine ordinaire. Il faut choisir des officiers parmi les anciens soldats, hâter ces rassemblements, réunir les pièces d'artillerie ; ce sont des difficultés énormes. Nous comptons sur votre patriotisme pour les surmonter. »

2° L. a. s. à un client; 23 juillet 1843, 2 p. in-8°.

134 — **Finances**.

P. s. par Philippe d'Orléans (Régent), M.-R. de Voyer d'Argenson, Law et Le Pelletier de la Houssaye, Paris, 25 février 1720, 58 p. in-folio, demi-reliure.

Etat des fermes, des gabelles de France et Lyonnois,

cinq grosses fermes, convoye, et comptablie de Bordeaux, Aydes et entrées de France et droits y joints, année 1713.

135 — **Gambetta** (Léon), le célèbre orateur et homme d'Etat, n. 1838, m. 1882.

L. a. s. à un maire ; Paris, 19 septembre 1870, 1 p. in-8°.

Belle pièce, écrite comme ministre de l'Intérieur. Il annonce qu'il a constitué une cour martiale pour juger sommairement des coupables. (Une note du destinaire indique que Gambetta fait allusion à la malheureuse affaire du plateau de Châtillon, dont les Prussiens s'étaient emparés le même jour).

136 — **Garat** (Dominique-Joseph), célèbre littérateur et homme d'Etat, membre de l'Académie française, auteur de *Memoires*, n. 1749, m. 1833.

1° L. a. s. à *Danton,* 3 août an II (1793), 1/2 p. in-4°.

Belle lettre. Il le remercie de l'avoir défendu, dans la séance du 2 août 1793, à la Convention, et l'invite à dîner. (Collot-d'Herbois dénonça le ministre de l'intérieur Garat, pour avoir adressé aux communes une série de questions indiscrètes ; il fait décréter son arrestation ; mais Danton défendit les intentions de Garat, ne lui reprochant que de la faiblesse ; le décret fut rapporté.)

2° 1 l. a. s. et 2 p. s.; 1792-1800, 3 p. in-8° ou in-4°.

137 — **Garde nationale**.

Un dossier d'imprimés et de pièces manuscrites concernant la garde nationale de 1848, sa fondation, son fonctionnement, etc.

138 — **Généraux**. 25 pièces. — Baraguey d'Hilliers, Bessières, Canclaux, Colaud, Daoust, d'Hautpoul, Malet, Molitor, Reynier, Saint-Hilaire, Vandamme, etc.

139 — **Guffroy** (Armand-Joseph), député à la Convention, et écrivain, né à Arras.

15 prairial an IV ; 2 pages pl. in-8°.

Curieuse lettre dans laquelle il parle de son ouvrage contre Joseph Lebon et des atrocités des Comités égorgeurs.

140 — **Gourgaud** (Gaspard, baron), général d'artillerie, un des compagnons de Napoléon à Sainte-Hélène, n. à Versailles, 1783, m. 1852.

1° L. a. s. à Hudson Lowe; Longwood, 10 mai 1817, 1 p. in-4°.

Lettre écrite pendant son séjour à Sainte-Hélène. Il lui envoie une lettre qu'il adresse à sa mère et le prie de la faire passer en Angleterre.

2° P. a. s.; Troyes, 30 mars 1814, 1 p. in-12 oblong.

Bon de fourrage pour deux officiers de la maison de l'Empereur. — On a joint une lettre signée par Gourgaud, adressée aux gardes nationaux de la 1re légion dont il désirait être le colonel.

141 — **Hérault de Séchelles** (Marie-Jean), célèbre conventionnel, n. 1760, décapité 1794.

1° P. s.; Annecy, 26 mars 1793, 1 p. in-4°.

Curieuse pièce. Hérault de Séchelles, en qualité de commissaire de la Convention pour l'organisation du département du Mont-Blanc, invite le P. gardien des Capucins d'Annecy, ou à son défaut le supérieur des Dominicains de cette même ville, d'envoyer un religieux dans la paroisse de Cruseil pour y remplir les fonctions du ministère pendant le temps pascal. — Sur la même page, le P. Garnier, supérieur des Dominicains, informe Hérault de Séchelles qu'il a délégué le P. Honoré Chevrier, prêtre non assermenté, pour remplir les fonctions du Saint Ministère.

2° L. a. à Mme de Vimeux, 1/2 p. in-4°.

142 — **Herman** (Armand-Martial-Joseph), ami de Robespierre, président du Tribunal révolutionnaire, n. 1749, décapité 1795.

L. s., comme président du Tribunal révolutionnaire, aux membres du Comité de salut public; Paris, 7 nivôse an II, 2 p. in-4°.

Il les informe que 110 personnes prévenues de conspiration viennent d'arriver de Nantes. Cette affluence l'embarrasse. L'instruction ne demanderait que du temps et de la patience, mais au cas où ces inculpés seraient condamnés comment doit-on agir. « Il faudrait ou laisser les condamnés plus de 24 heures dans les ombres de la mort ce qui est contraire à nos principes, ou les exécuter le même jour. C'est sous ce rapport purement politique que naissent mes doutes que vous apprécierez. » Herman est d'avis qu'on aurait dû trouver sur place, dans un pays depuis longtemps en rebellion, un moyen plus expéditif de les punir. « Est-ce bien avec les formes judiciaires ordinaires qu'un aussi grand nombre de prévenus doivent être jugés ? » Dans le coin on lit : *On a dû écrire a Carrier pour cet objet.*

143 — **Houchard** (Jean-Nicolas), général en chef de l'armée du Nord, qui battit les Anglais à Hondschoote en septembre 1793, n. à Forbach, 1740, décapité le 17 novembre 1793.

L. a. à sa femme; Paris (prison de l'Abbaye) le 2 octobre 1793, 3 p. in-4°. *Rare.*

Précieuse lettre écrite de prison, où il était détenu sous l'inculpation d'avoir vendu Dunkerque au duc d'York. Il examine les griefs portés contre lui et impute à la jalousie le motif de sa détention. Il explique les relations qu'il a eues avec le duc de Nassau, les représentants du peuple les ont connues et approuvées. « Il faloit donner et trouver des torts à quelqu'un qu'on destitue et faloit faire voir aux soldats que c'est une trahison pour m'ôter sa confiance, affin qu'il ne soit pas fatigués de ses continuel destitution, nous sommes ici 22 généraux en prison. « Il donne son adresse à la fin : « Au citoyen Houchard, au prison de l'Abbeys, » ce qui constitue une sorte de signature.

144 — **Huissiers** (Corporation des).

Réunion très intéressante de documents imprimés et manuscrits, au nombre de plus de 250, concernant les huissiers, leur costume, l'organisation, les règlements, etc. On y joint des caricatures, des satires, des pièces de théâtre, ainsi qu'un travail manuscrit de M. Dablin. *Important dossier.*

145 — **Hulin** (Pierre-Augustin), un des vainqueurs de la

Bastille, général, président du conseil de guerre, qui condamna le duc d'Enghien à la peine de mort, n. 1758, m. 1841.

1° P. a. s.; Paris, 10 novembre 1789, 1 p. in-8° oblong.

Il certifie que le sieur Le Riche est engagé dans le corps des volontaires de la Bastille depuis le 4 du présent mois.

2° P. a. s.; 10 janvier 1791, 1/2 p. in-4°.

Il demande qu'on lui remette le fusil accordé au sieur Beignet, un des vainqueurs de la Bastille. — Cette apostille est écrite au-dessous d'une lettre de la mère dudit Beignet, qui réclame, au nom de son fils, le fusil auquel il a droit.

3° L. s. à Moncey; Paris, 21 février 1814, 1 p. in-folio.

4° L. s. à M. Pouget; Paris, 28 février 1814, 1 p. in-folio.

Relative à la mise en défense du pont de Saint-Maur.

146 — **Hulin** (Pierre-Augustin). Environ 50 pièces concernant Hulin ou lettres à lui adressées par: Berthier, Bessières, Brune, Lacépède, Macdonald, Mortier, Soult, La Fayette, etc. *Précieuse réunion.*

147 — **Hulin** (Pierre-Augustin). Dossier considérable de pièces concernant Hulin, brevets, titres de propriété, notes pour sa biographie, lettres à lui adressées, etc.

148 — **Kellermann** (François-Christophe), illustre général, le vainqueur de Valmy, maréchal de l'Empire, n. à Strasbourg, 1735, m. 1825.

1° L. a s. à M. Duchêne; Mayence, 17 août 1812, 2 p. in-4°.

Curieuse épître où le maréchal, alors âgé de 77 ans, expose les raisons qui le font songer à se remarier.

2° L. a. s. à M. Beraud, son secrétaire; Luxeuil, 27 juin 1818, 2 p. in-4°.

Instructions minutieuses pour le soin de sa maison.

149 — **Kléber** (Jean-Baptiste, l'illustre général, n. à Strasbourg, 1753, assassiné au Caire, 1800.

L. a. s. à Marceau; quartier général d'Oberingelheim (Armée à Mayence), 23 pluviôse an III, 1 p. in-folio.

Belle lettre. Il lui annonce son départ pour Strasbourg, où il restera quelque temps pour rétablir sa santé.

150 — **La Fayette** (Gilbert Motier, marquis de), célèbre homme politique et général, n. 1757, m. 1834.

1° L. s.; Paris, 29 juillet 1789, 2 p. 1/2 in-4°.

Intéressante lettre écrite après sa nomination de commandant en chef de la garde nationale. « Veiller à la sûreté de la Capitale, au bon ordre parmi les citoyens armés, exécuter les décrets de vos représentants, vivre pour vous obéir, et mourir s'il le faut pour vous défendre, voilà les seules fonctions, les seuls droits de celui que vous avez daigné nommer commandant général. »

2° P. s., signée aussi par Bailly; Paris, 4 septembre 1789, 1 p. in-folio, tête et vignette imprimées, cachet.

Brevet d'une médaille d'or, décernée aux gardes françaises qui s'étaient distinguées par les services rendus à la cause publique. Le titulaire du brevet est Antoine Latour, capitaine.

3° L. s. à Palloy; 1790, 1/2 p. in-4°.

4° P. s. avec 8 lignes aut., signée aussi par Bailly-Duport-Dutertre, Lajard et Gouvion; 9 décembre 1790; 2 p. 1/3 in-folio.

Ils recommandent à l'Assemblée nationale la pétition de l'abbé Lefèvre, chapelain de Notre-Dame, victime pendant quatorze ans des persécutions du lieutenant de police Lenoir.

151 — **Las-Cases** (Emmanuel, marquis de), chambellan de Napoléon, qu'il accompagna à Saint-Hélène, auteur du *Mémorial de Saint-Hélène*, n. 1766, m. 1842.

1° L. a. s. au docteur Cailliot; Liège, 15 octobre 1818, 1 p. 1/2 in-4°.

Il vient de voir une dame qui arrive de l'*isle célèbre* et il lui transmet les nouvelles qu'il vient d'apprendre sur le grand et infortuné hôte (Napoléon), qui allait beaucoup mieux. » Le mal de foie, si terrible en ce pays, avoit beaucoup diminué. Il avoit repris beaucoup de force. Vous savez qu'il avoit été obligé de souffrir la saignée. C'étoit la première fois de sa vie, il paraît, etc... »

2° 3 l. ou p. s. et 1 p. aut., 4 p. in-8° ou in-4°.

Deux lettres concernent une souscription pour l'érection d'une statue de Napoléon à Paris.

152 — **Latude** (Henri, Masers de), l'infortunée victime des haines de Mme de Pompadour, renfermé à la Bastille et à Vincennes pendant trente-cinq ans, né à Montagnac (Hérault), 1725, m. 1805.

L. a. s. au citoyen général Bonaparte, Premier consul ; Paris, 14 vendémiaire an XI (6 octobre 1800), 1 p. in-4°.

Belle et curieuse lettre de demande d'audience. « Votre auguste personne et moy, nous sommes les deux extrêmes de la fortune, vous pour le bonheur et moi pour le malheur. »

153 — **Lavoisier** (Antoine-Laurent), l'illustre fondateur de la chimie moderne, n. à Paris, 1743, décapité en 1794.

P. a. s.; Paris, 25 janvier 1785, 1 p. 1/2 in-4°.

Reçu du capital d'une rente de 250 livres provenant d'une de ses tantes. Lavoisier a inscrit en tête ses nom, prénoms et qualités.

154 — **Lavoisier** (Antoine-Laurent).

L. a. s. à M. Parisis ; 23 mai 1791, 4 p. in-8°.

Très belle lettre d'affaires. — On a joint 3 l. s. au même, relatives à la gérance des biens que Lavoisier possédait dans la région de Villers-Cotterets.

155 — **Lavoisier** (Antoine-Laurent).

L. a. s., à Delambre, 23 juillet 1793, 2 p. in-4°.

Intéressante lettre. Paris est tranquille, il y a seulement quelques difficultés pour avoir du pain.

156 — **Lavoisier** (Antoine-Laurent).

L. s. aux membres de l'Académie de Harlem ; Paris, 19 janvier 1774, 1 p. 3/4 in-fol.

Superbe lettre d'envoi d'un de ses ouvrages. Il a cherché à ne faire parler que l'expérience. « Si quelquefois le raisonnement m'a trompé, si j'ai erré sur les conséquences, je compte pour lors sur l'indulgence des savants »

157 — **Le Bois** (Claude), accusateur public près du Tribunal criminel du département de Paris, n. à Dijon, 1756, décapité en 1795, pour sa participation aux émeutes du 13 vendémiaire.

P. a. s. ; 24 thermidor an II (11 août 1794), 2 p. in-4°.

Il envoie au comité de Salut public la note que doivent sur leur état et conduite pendant la Révolution chacun des officiers du tribunal criminel. Il donne des renseignements utiles pour sa biographie. Il est âgé de 38 ans, natif de Dijon, avocat au ci-devant parlement de Dijon, où il a demeuré jusqu'à la fin de 1787, époque à laquelle il est venu à Paris. Il a été chargé pendant un an d'une éducation. Il prit les armes au 14 juillet ; il fut nommé trois fois membre du comité dans le district de Saint-Germain-l'Auxerrois. Il a passé ensuite à la section du Luxembourg, dont il a été pendant 9 mois le secrétaire et président dans la nuit du 9 au 10 août. Trois fois élu à la Commune. En janvier 1793 il a rempli les fonctions de suppléant du procureur de la Commune près le tribunal de police correctionnelle, de là il a passé accusateur public du tribunal criminel du département de Paris. Ancien membre du club des Cordeliers, de la Société des électeurs et des Jacobins, etc...

158 — **Lefebvre** (François-Joseph), duc de Dantzig, célèbre général républicain, maréchal de l'Empire, nº 1755, m. 1820.

1º L. a. s. à Kléber; 26 prairial an IV (14 juin 1796), 2 p. in-4º.

Curieuse lettre où il lui exprime la joie qu'il ressent de le conserver près de lui. Il aurait besoin d'avoir un peu plus de cavalerie, « mais comme les circonstances ne permettent pas de m'en donner davantage, j'espère que bayonnettes suppléront à ce défaut ».

2º L. a. s. à Jourdan ; 26 brumaire, 1 p. in-4º.

Il lui annonce son départ pour Colmar où il va se reposer ; le mauvais sang le tourmente et ce n'est pas en restant à l'armée, en voyant ce qui s'y passe qu'il pourra se guérir.

3º L. a. s ; Paris, an X, 4 p. in-8º.

Intéressante lettre relative à la garde du Sénat.

159 — **Louis XV**, roi de France, n. 1710, m. 1774.

1º L. s. au cardinal de Bissy ; Compiègne, 25 juillet 1730, 1/2 p. in-4º. Cachets bien conservés, soies rouges. *Très jolie pièce.*

Il le félicite sur la façon dont il s'est comporté dans le conclave qui a élevé le cardinal Corsini au Saint-Siège. (Laurent, cardinal Corsini, élu pape, le 12 juillet 1730, sous le nom de Clément XII). « Les vertus de ce nouveau pape doivent nous faire espérer tout pour la tranquilité de l'Église. »

2º 2 p. s.; 1771 et 1773, 12 p. in-folio.

Capitation des employés aux traites d'Auch et à la recette générale d'Auch. Ces deux pièces portent, au-dessous de la signature du Roi, celle de ses ministres, Maupeou, d'Ormesson, Terray, etc...

160 — **Louis XVI** (Procès de).

L. s. par Ragouneau, Grouvelle, Lion et Traverse, membres de la Commune de Paris, *s. d.*, 1 p. 1/2 in-4°.

Il donne avis qu'une délégation de la Convention est venue au Temple informer Louis Capet qu'un décret lui permet de prendre un conseil; Capet a choisi Target et Tronchet.

161 — **Louis XVIII** (Maison de). Budget général des recettes et dépenses de la maison du roi pour l'exercice 1823, registre in-folio.

162 — **Louis-Philippe**, roi des Français, n. 1773, m. 1850.

1° Let. sig. avec post-crip. de 7 lignes aut. au marquis de cubières; Palais-Royal, 1er déc. 1817, 1 p. in-4°.

Curieuse lettre relative à des tableaux de famille « que le roi veut bien me faire rendre... Quelqu'un m'a dit hier au soir avoir vu dans la salle de spectacle, à Versailles, un portrait de M. le Régent enfant, qui, dans mon enfance, était placé dans ma chambre »

2° Pièce sig. avec 8 lig. aut., sig. aussi par sa sœur *Madame Adélaïde*; Palais-Royal, 5 juin 1822, 1 p. 1/2 in-fol.

Belle pièce relative à la succession de la duchesse de Bourbon, leur mère.

3° L. a. sig. de son paraphe; Saint-Cloud, 9 sept. 1840, 2/3 de p. in-8°. — On a joint une pièce originale non aut.; 1845, 1/2 p. in-4°.

Très importante pièce. Explications détaillées relatives à son testament mystique du 14 octobre 1845, et plus particulièrement sur les biens de l'ancien apanage d'Orléans.

163 — **Lowe** (Hudson), général anglais, le gardien de Napoléon Ier à Sainte-Hélène, n. 1769, m. 1844.

1° Pièce sig., en français, sig. aussi par la comtesse Bertrand et par le marquis de Montchenu ; île de Sainte-Hélène, 1er septembre 1820 ; 1 p. 1/2 in-fol.

Curieuse pièce, comme gouverneur de Sainte-Hélène, tenant lieu de certitude.

2° L. a. s., sig. aussi par Bertrand et Marchand, à Las-Cases ; Paris, 27 avril 1822 ; 3/4 de p. in-4°.

Intéressant document. Ils lui envoient copie de l'extrait des dispositions de l'Empereur qui le regardent dans ses testament et codicilles. — L'extrait du testament de Napoléon, également signé par les trois exécuteurs testamentaires, est joint à cette pièce.

164 — **Lutgens** (E.), officier dans le régiment en garnison à Sainte-Hélène.

L. a. s. ; Longwod, 23 septembre 1820, 3 p. in-8°.

Cet officier paraît avoir été chargé de surveiller les allées et venues des habitants de Longwood. Voici le début de sa lettre : « Yesterday for a short times betveen the hours of two and three gsn[l] Bonaparte was in the inner garten in his morning dress. »

165 — **Maintenon** (Françoise d'Aubigné, marquise de), l'épouse de Louis XIV.

L. aut. à l'archevêque de Rouen ; Saint-Cyr, 15 août 1715, 1 p. 1/2 in-4°, cachet représentant un fil à plomb avec la devise : *Recte.*

Intéressante lettre écrite quinze jours avant la mort du Roi ; elle est relative à la santé du Roi, attein d'une douleur à la jambe, qui ne se fait sentir que lorsqu'il marche. Il reste au lit dans l'espoir que la chaleur fera passer cette douleur. « Il a paru abattu et dégousté, le poulx est très bon ; l'appétit est revenu... Il a passé ces jours-là dans ma chambre, s'y amusant à son ordinaire, et le visage très bon. »

166 — **Manuel** (Louis-Pierre), procureur de la Commune de Paris, député à la Convention, n. 1751, décapité en 1793.

1° L. a. à Camille Desmoulins ; 15 février, 1/2 p. in-4°.

Curieuse pièce. Il le prie d'insérer dans son journal une lettre que M. le Maire mérite bien. « Il faut l'accoutumer aux vérités. Ayons toujours le courage d'en dire. »

2° 2 p. a. s., 2 p. in-4°. — 3° 3 p. s., 4 p. in-4°. — On a joint une pièce imprimée concernant un procès intenté à Manuel par C.-P. Bosquillon, citoyen actif, au sujet de la non-éligibilité de Manuel.

167 — **Marat** (Jean-Paul), fameux publiciste et conventionnel, n. 1743, assassiné par Charlotte Corday, 1793,

P. aut., 2 p. in-8° oblong.

Fragment de son ouvrage. *Rechèrches physiques sur le feu.*

168 — **Maréchaux de France**. 60 pièces. — Castries, Chamilly, Suchet, Coigny, P.-H. duc de Luxembourg, Mouchy, Noailles, Richelieu, Roquelaure, Lobau. Canrobert, Vaillant, Pélissier, etc.

169 — **Marceau** (François-Séverin Desgraviers), un des plus illustres généraux des guerres de la République, n. 1769, blessé mortellement près d'Altenkirchen, en 1796.

L. s. à Kléber ; Coblenz, 7 pluviôse an III (26 janvier 1795), 2 p. in-folio, tête et vignette imprimées.

Intéressante lettre, pleine de témoignages de la plus cordiale amitié. Il lui reproche de lui avoir confié le commandement d'une autre division et se plaint de ce surcroît de responsabilités.

170 — **Marchand** (Louis-Joseph-Narcisse, comte), pre-

mier valet de chambre de Napoléon Ier et l'un de ses trois exécuteurs testamentaires, auteur de *Mémoires* sur Napoléon Ier, n. 1791, m. 1876.

6 l. a. s.; 1823-1856, 7 p. in-4° ou in-8°.

Lettre à Lucien Bonaparte et à Gourgaud relatives à son mariage avec la fille du général de Brayer ; une autre concerne la remise des reliques qu'il a rapportées de Sainte-Hélène.

171 — **Marie-Amélie**, reine des Français, épouse du roi Louis-Philippe, n. 1782, m. 1866.

1° L. a. s. ; 3 juin 1824, 1 p. in-8°.

2° L. aut. à son mari ; Saint-Cloud, 29 août 1833, 1 p. 1/4 in-4°.

Belle et curieuse lettre. « Je me suis levée de bonne heure. J'ai commencé par mettre les affaires de mon âme en ordre et j'ai prié Dieu de tout mon cœur pour la conservation et le bonheur de ce que j'ai de plus cher au monde... Marie et les deux petits viennent de partir pour Ruelle (Rueil) pour y voir le tombeau de Joséphine. »

L. a. s.; aux Tuileries, 17 février 1835, 1 p. in-8°.

Très jolie lettre où elle félicite une jeune fille sur son prochain mariage avec le marquis de Dalmatie.

L. a. s. à une dame; Claremont, 20 janvier 1853, 1 p. 1/2 in-8°. Jolie lettre. — On a joint une petite note aut. de la Reine à M. Oudard.

172 — **Mazarin** (Jules, cardinal), le grand ministre de Louis XIV, n. 1602, m. 1661.

L. s. au marquis de Poyanne; Melun, 10 juin 1653, 1 p. in-4°, cachets.

173 — **Merlin de Douai** (Philippe-Antoine), célèbre conventionnel et directeur, un des meilleurs jurisconsultes de la Révolution, n. 1754, m. 1838.

1° L. a. s. à ROBESPIERRE; Paris, 2 germinal an II, 1 p. in-4°.

Curieuse lettre. Il lui recommande la pétition d'un citoyen, qu'il connaît seulement pour l'avoir vu à la fête donnée en l'honneur de Marat et de Le Peletier; mais ce citoyen a caché et nourri Marat, chez lui, pendant le temps de ses persécutions.

2° 2 l. a. s.; Paris, 7 juin 1810, Harlem, 28 juillet 1817, 2 p. in-8° et 1 p. in-4°.

174 — **Monnier** (Sophie), la célèbre maîtresse de Mirabeau, n. 1751, m. 1789.

L. a. s. à MIRABEAU; 1/2 p. in-4°. Peut-être incomplète du commencement.

175 — **Montchenu** (Claude-Henri, marquis de), commissaire du gouvernement français à Sainte-Hélène, n. 1757, m. 1831.

L. a. s. au comte de Laborriette; Paris, 25 août 1815, 2 p. 1/2 in-4°, cachet.

Il annonce qu'il vient d'être nommé par le Roi pour garder le petit monstre. « M. de Talleyrand a prétendu qu'il falloit un homme dont la haine fut rassurante et dont l'honneur et la fidélité fussent à toute épreuve et c'est pourquoi il m'a présenté au Roy. »

176 — **Montholon** (Charles-Tristan, comte de), général, compagnon de Napoléon Ier à Sainte-Hélène, éditeur du *Mémorial*, n. 1782, m. 1853.

L. a. s. à Bertrand; Paris, 24 janvier 1828, 2 p. in-4°.

Il s'étonne de sa réclamation au sujet de la répartition du legs de l'Empereur. — On a joint à sa lettre deux comptes relatifs au dépôt d'argent laissé par l'Empereur chez Laffitte.

177 — **Montholon** (Charles-Tristan, comte de).

1° L. a. s. à Berthier; 7 frimaire an X, 3/4 de p. in-fol.

Belle lettre sur sa nomination de capitaine par le Premier

Consul. — Il prend le titre d'aide de camp d'Augereau. Les chefs de brigade Marcello et Lochet (qui fut tué général à Eylau) se sont particulièrement distingués. »

2° L. a. s., sig. aussi par Bertrand et Marchand, à Las-Cases; Paris, 27 avril 1822, 3/4 de p. in-4°.

Intéressant document. Ils lui envoient copie de l'extrait des dispositions de l'Empereur qui le regardent dans ses testament et codicilles. — L'extrait du testament de Napoléon, également signé par les trois exécuteurs testamentaires, est joint à cette pièce.

178 — **Montholon** (Charles-Tristan, comte de).

1° L. a. s. à Boyer; Fort de Ham, 3 juin 1843, 1 p. in-4°.

Belle lettre écrite pendant sa détention : « Si j'étais libre, ou non seulement déchargé du poids d'une condamnation dont les conséquences me font mort devant la loi, vous auriez, certes, toute raison dans les reproches que vous m'adressez. »

2° L. a. s.; 8 mai 1849, 3 p. in-8°.

Un danger menace le prince dont il a partagé la captivité à Ham, il ne veut pas le quitter.

179 — **Montpensier** (Antoine d'Orléans, duc de), fils du roi Louis-Philippe, n. 1824, m. 1898.

L. a. s. à sa mère; Randan, 21 septembre, 1 p. 1/2 in-8°.

Très jolie lettre, écrite pendant sa jeunesse et où il narre le voyage qu'il vient de faire avec sa sœur Clémentine.

180 — **Moreau** (Victor), illustre général républicain, n. 1763, blessé mortellement, dans les rangs ennemis, à Dresde en 1813.

L. a. s. à Napoléon Ier; Strasbourg (?), 22 ventôse an VIII (12 mars 1800), 1 p. 1/2 in-4°, tête et vignette imprimées.

Très curieuse pièce. Il l'informe qu'il a reçu de Paris une

lettre signée Bernier, qui l'invitait à emmener à Paris le duc d'Angoulême à la tête de l'armée. Il ne voit pas bien ce que l'on pourrait faire du prince, l'auteur de la lettre, si on le découvre, pourrait le dire. Il ne tiendra aucun compte de cette invitation qui ne doit rentrer ni dans les vues du Premier Consul, ni dans les siennes. « Je crois même que si on proposait sérieusement la chose au duc d'Angoulême, je doute qu'il accepte la gageure. Le métier de roi n'est rien moins que sûr en France. »

181 — **Nemours** (Louis d'ORLÉANS, duc de), un des fils de Louis-Philippe, n. 1814, m. 1896.

1° L. a. s. à son frère Joinville; Neuilly, 15 juin 1826, 1/2 p. in-8°.

Jolie lettre intime écrite à l'âge de douze ans.

2° L. a. s. à son père; Neuilly, 14 mai 1829, 1 p. in-4°.

3° L. a. s. à un général; 6 avril 1847, 1 p. in-8°.

182 — **Napoléon Ier**.

Pièce aut., 1/2 p. in-4° oblong.

Précieuse pièce écrite à Sainte-Hélène. Elle porte une note aut. sig. du comte de Las-Cases. C'est une note militaire relative à la reddition d'une armée ennemie.

183 — **Napoléon Ier**.

Pièce aut., 1/3 de p. in-4°.

Calcul algébrique avec quelques mots aut. — L'authenticité est certifiée par M. de Bausset, ancien préfet du Palais. Il explique que l'Empereur, le soir, tout en causant avec l'Impératrice, s'amusait à tracer des dessins, des comptes que ses ministres ramassaient après son départ.

184 — **Napoléon Ier**.

Cahier manuscrit (non autographe), 40 p. in 4°, relié.

Précieux document. C'est le cahier de dépenses de la maison de l'Empereur à Sainte-Hélène du mois de mars 1818 au 30 avril 1821. La dépense est récapitulée par mois Quelques pages portent des ratures, des corrections au crayon de la main de l'Empereur; il réduisait en francs la monnaie anglaise et vérifiait de près tous les comptes qui lui étaient fournis. Ce manuscrit est d'un grand intérêt puisqu'il montre de quoi se composait la nourriture de l'Empereur et la nature des médicaments qui lui ont été fournis lors de sa dernière maladie. Les mentions de règlement sont de la main de Montholon. Il vient de Pierron, maître d'hôtel à Sainte-Hélène.

185 — **Captivité de Napoléon Ier.**

1° Manuscrit, 11 p. in-folio.

Particularités sur la captivité de Napoléon, extraite de la correspondance de W. Warden, chirurgien du *Northumberland*. Ce manuscrit paraît contemporain.

2° 2 plans de la maison de Napoléon à Sainte-Hélène; l'un est manuscrit, l'autre est imprimé.

On a joint la copie d'une note de l'Empereur, relative aux vexations de Hudson Lowe et une caricature représentant Mme Bertrand se jetant à la mer par un sabord du *Bellérophon*, les reliques rapportées de Sainte-Hélène par M. Fr. Gross, conservées dans une boîte en cuir, avec compartiments intérieurs, etc.

186 — **Obsèques de Napoléon Ier.**

L. s. de l'amiral Duperré au prince de Joinville; Paris, 5 décembre 1840, 1 p. in-folio.

Instructions au sujet du commandant de la flottille destinée à transporter et à accompagner les restes mortels de Napoléon de Rouen à Paris.

187 — **Documents sur la succession de Napoléon Ier.**

1° Lettre autographe signée du *général de Montholon* à *Laffitte*; Londres, 18 août 1821, 1 p. in-8°.

Il lui annonce que l'empereur Napoléon lui a donné tous les pouvoirs pour arrêter les comptes des fonds qui ont été déposés en 1815 et qu'il ne doit faire aucun paiement sans qu'il ait été, au préalable, provoqué par sa signature.

2° P. s. par les *exécuteurs testamentaires* et par les

légataires du testament de Napoléon; Paris, 23 janvier 1826, 4 p. in-fol.

Les légataires approuvent les comptes qui leur sont soumis par les exécuteurs testamentaires pour la répartition de l'actif de la succession de Napoléon qui se monte à la somme de 3,058,907 fr. 61. Le détail des sommes revenant à chacun est indiqué dans un tableau.

3° Lettre autographe signée du *comte Bertrand* à *J. Laffitte;* Châteauroux, 30 juillet 1827, 2 p. 1/2 in-4°.

Intéressante lettre relative au règlement de la succession et des sommes payées pour le compte particulier du général de Montholon.

4° *Nouvelles observations présentées par M. Laffitte sur les affaires de la succession Napoléon*, pièce autographe signée du *général Bertrand;* Paris, 18 juillet 1830, 4 p. in-fol.

Le général Bertrand indique à Laffitte les transactions qui lui paraissent possibles pour éviter un procès désagréable et préjudiciable pour Laffitte et les héritiers de Napoléon Ier. « J'ai cru remplir un devoir envers le testateur et aussi *envers un camarade dont les torts ne sont que trop réels.* »

5° Pièce signée par *Bertrand* et par *Laffitte;* Paris, 18 septembre 1830, 5 p. 1/2 in-fol.

Les conventions arrêtées le 18 janvier 1826, entre les exécuteurs testamentaires et M. Laffitte n'ayant pas été exécutées du fait de M. de Montholon, il est nécessaire de pourvoir par d'autres moyens au paiement de ce qui reste dû.

6° P. s., sur papier timbré, par le général de Montholon; Paris, 1834, 1 p. 1/2 in-4°.

Il reconnaît devoir à M. Laffitte des sommes s'élevant à un total de 39,000 francs et déclare qu'en outre on a des répétitions à exercer contre lui pour une somme de 500,000 francs. Curieux et piquants détails.

7° P. aut. sig. par Marchand, signée aussi par Ber-

TRAND et MONTHOLON; Paris, 10 mars 1822, 3/4 de p. in-4°.

Curieux document. Les exécuteurs testamentaires de Napoléon Ier reconnaissent que des malentendus inévitables se sont élevés entre eux et M. Laffitte, mais que, quelle que soit l'issue de l'affaire, la loyauté et la délicatesse de M. Laffitte ne sauraient être atteintes. (Les difficultés de règlement paraissent venir du fait de Montholon qui avait emprunté pour plus de 500,000 francs à Laffitte.)

8° L. s. par MONTHOLON à Villèle; Paris, 8 avril 1822, 4 p. in-fol.

Il lui réclame, au nom des exécuteurs testamentaires de l'Empereur, restitution de la somme de 37,533 fr, indument perçue par le fisc sur les sommes déposées chez Laffitte.

9° Lettre autographe signée de MONTHOLON à Nogent-Saint-Laurent, avocat; Ham, 26 mai 1843, trois pages pleines gr. in-4°.

Curieuse lettre écrite au nom du prince Louis-Napoléon Bonaparte, à l'avocat de ce dernier. Elle est toute relative aux legs du testament de Napoléon Ier et aux fonds du Trésor Impérial saisis après son abdication. Le futur Napoléon III soutenait à ce sujet un procès des plus sérieux contre le gouvernement français, et Nogent-Saint-Laurent était chargé des intérêts du prince. C'est à ce sujet que le général Montholon donne à l'avocat les plus minutieux détails, et traite la question des fonds saisis sur Napoléon Ier avec connaissance de cause. — On a joint à cette lettre intéressante un reçu signé de Ledru-Rollin, de ses honoraires pour la défense du prince Louis devant le Conseil d'Etat, dans la même affaire et une copie du testament de l'Empereur de la main de Faydel, ami de Bertrand.

10° Dossier considérable, composé en grande partie de pièces de procédure, concernant Montholon et la succession de Napoléon.

188 — **O'Meara** (Barry-Edouard), médecin de Napoléon Ier à Sainte-Hélène, auteur de *Mémoires*, n. 1786, m. 1836.

L. a. s., en français, à Joseph Bonaparte; 15 novembre 1832, 1 p. in-8°.

Il lui recommande le capitaine Reardon, qui a appartenu au régiment en garnison à Saint-Hélène, ce qui lui a permis de rendre quelques services à l'Empereur. — On a joint une pièce aut. sig. de Feydel, ami de Bertrand, contenant des extraits des ouvrages du chirurgien O'Meara sur Napoléon.

189 — **Orléans** (Louis-Philippe-Joseph, duc d'), dit *Philippe-Egalité*, conventionnel, qui vota la mort de Louis XVI, n. 1747, décapité en 1793.

1° P. s.; 1780, 3/4 de p. in-8°.

Reçu de la somme de 100,000 livres « pour solde et parfait payement des trois cent mille livres que M. le duc d'Orléans, notre très-honoré père, s'était engagé de nous payer pour la construction de nos écuries rue Saint-Thomas-du-Louvre. »

2° P. s., sur vélin; Versailles, 27 novembre 1785, 3 p. in-4°.

Sa signature sur un extrait des registres du Conseil d'Etat contenant un arrêt par lequel le Roi autorise le duc d'Orléans à emprunter six millions de livres pour l'arrangement de ses affaires.

3° L. s. à l'abbé Talon; Paris, 29 décembre 1790. 1 p. in-4°.

Curieuse pièce. Sa fortune ayant été considérablement diminuée et ramenée à un chiffre fixe, il se voit forcé de supprimer les traitements qu'il faisait et de supprimer les logements qu'il avait accordés. En conséquence il prie l'abbé Talon de remettre les clefs de l'appartement qu'il occupe au Palais-Royal à M. Brun, inspecteur du susdit Palais.

190 — **Paris** (VIIIe arrondissement).

25 pièces, manuscrites et imprimées, du XVIe au XIXe siècle. (*Ne sera pas vendu.*)

Précieux dossier concernant un des plus beaux quartiers de Paris. Voici une énumération sommaire des principaux documents : Pépinière du Roule, vente d'un terrain, sis aux Champs-Elysées, à Mlle Mars (avec signature aut.), achat fait par Zamet, pour Marie de Médicis, d'un terrain sis à Monceau, lettre aut. sig. d'Olivier Descloseaux, dépositaire du tombeau de Louis XVI, au sujet de l'exhumation des corps du roi et de la reine Marie-Antoinette, etc...

191 — **Parlement de Paris.**

Portrait de Messieurs du Parlement de Paris, manuscrit du xviie siècle, 46 feuillets in-4°, cartonné.

Curieuses notes sur la capacité et le caractère des magistrats du Parlement de Paris (vers 1640).

192 — **Piontkowski**, officier polonais, compagnon de Napoléon à Sainte-Hélène.

5 l. a. s., en français, à Aimé Martin; Londres-Paris-Genève, 1827-1831, 17 p. in-4° ou in-8°.

Curieuses lettres. Dans l'une d'elles il parle de Sainte-Hélène et déclare ne rien vouloir publier sur le séjour qu'il y fit. Ce qu'il pourrait dire est trop odieux, car il ne pourrait peindre la vraie position de l'Empereur qu'en entrant dans des détails trop scandaleux sur les ennuis dont il était abreuvé dans son intérieur, qui lui rendaient plus difficile la conduite de sa maison, que jadis le gouvernement de l'Empire. Vive critique des compagnons de Napoléon à Sainte-Hélène.

193 — **Princes français.** 8 pièces. — L.-F.-J., Prince de Conti, L.-H., Prince de Condé, etc.

194 — **Prise de la Bastille.**

P. aut. de Champion de Villeneuve (depuis ministre de l'intérieur de Louis XVI), signée par Bellart (le futur procureur-général de la Restauration); 13 juillet 1789, 5 heures après-midi, 1 p. in-folio.

Précieuse pièce. L'assemblée du district du Petit-Saint-Antoine nomme une députation composée de MM. Dufour, président et de M. Picard, pour demander des armes et des munitions au prévôt des marchands. Le prévôt leur a demandé d'abandonner la couleur verte adoptée pour la cocarde et de prendre les couleurs bleu et rouge adoptées par l'assemblée de la ville. Après plusieurs instances, le prévôt des marchands s'est décidé à délivrer un petit sac de poudre, mais sans armes ni plomb. L'assemblée du district a o·lonné des patrouilles.

195 — **Rambouillet.** 2 pièces sur vélin ; 1708 et 1783, 95 p. in-folio ou in-4°.

Acquisition de Saint-Léger (en Yvelines) et de la forêt de Montfort, vente du duché pairie de Rambouillet au Roi par le duc de Penthièvre.

196 — **Régicides et criminels.** 35 pièces : *Pépin, Quénisset, Alibaud, Darmès, etc.*

197 — **Révolution française.** Une liasse considérable d'imprimés sur la Révolution : Journaux, brochures de circonstances, circulaires, décrets des assemblées, etc... *Intéressante réunion.*

198 — **Révolution.** — Pièce sig. par les conventionnels Gossuin, Viennet, Louis (du Bas-Rhin), Lémane, Alquier, Le Tourneur, Bernard Saint-Affrique, Dubois-Crancé, Rovere, Enlart, Cambon, Real et Brisson ; 2 brumaire an III, 1 p. in-fol. Vignette et cachet.

Extrait conforme d'un décret de la Convention relatif à la garde nationale de Paris.

199 — **Richelieu** (Armand-Jean du Plessis, cardinal de), l'illustre ministre de Louis XIII, n. 1585, m. 1642.

L. s. à Louis XIII ; 13 février 1628, 1 p. in-folio.

Il lui annonce la mort de l'évêque de Condom et lui demande la place pour le prédident de Saintes. — On a joint un manuscrit du XVIIIe siècle contenant une lettre satyrique que l'on fait écrire au cardinal de Richelieu par le duc de Richelieu, à propos de l'érection du monument de la Sorbonne.

200 — **Simon** (Jules), célèbre philosophe et homme d'État, membre de l'Académie française, n. à Lorient, 1814, m. 1896.

1° L. a. s. à un groupe de ses anciens électeurs; Versailles, 24 juillet 1879, 2 p. in-8°.

Curieuse lettre au sujet du vote de la loi sur l'enseignement : « L'article 7, au sujet duquel vous m'écrivez, fera du tort à la République et n'en fera qu'à elle. Les maisons qu'on veut fermer changeront de maîtres en apparence et ne changeront pas de doctrines. Les républicains auront renoncé au principe de la liberté d'enseignement, qui est une des libertés les plus nécessaires, et ce sera une honte de l'avoir tant demandée quand nous n'étions pas les maîtres et de la supprimer à présent que nous le sommes. » Curieux développements, tout d'actualité.

2° 2 l. a. s. et 1 l. a. s., 2 p. in-12 et 3 p. in-fol.

201 — **Vergniaud** (Pierre-Victurnien), illustre conventionnel girondin, n. à Limoges, 1753, décapité 1793.

Pièce sig., signée aussi par son collègue *Guadet;* Paris, 11 octobre 1792, 1 p. in-fol., sceau. *Rare.*

Ampliation d'un décret de la Convention relatif aux religieuses dont le traitement n'excède pas mille livres et qui ne sont point comprises dans le décret du 27 septembre dernier, portant que la pension des ecclésiastiques ou moines non employés ne sera plus payée d'avance.

202 — Sous ce numéro, on vendra des autographes non catalogués.

ESTAMPES

ADRESSES

203 — Hansy (De), libraire. — Bourgoin, professeur d'écriture. 2 pièces.

AFFICHES, PLACARDS

204 — Affiches, Placards, Diplômes, etc. 34 pièces.

205 — Billets de faire-part. 4 pièces.

BODIN

206 — J'irai mourir au champ d'honneur ou bien au pied de la Colonne. Lithographie, in-folio, 1822.

CARICATURES

207 — Réunion de quatre-vingt-seize caricatures et images populaires, sur *Monsieur Mayeux*. Lithographies par Bourdet, Charles, Delannois, Delaporte, Forest, Grandville, Numa, Philippon, Robillard et Traviès. Épreuves en noir et coloriées. Collection très rare. (La plupart provenant de la vente de Champfleury.)

208 — La Mort de M. D'Malbrouk. — Le Retour de Malbrouk. — Pièce sur les vélocipèdes. — 3 pièces noires et coloriées.

209 — Caricatures politiques sur les métiers, Imagerie, etc., etc. 8 pièces coloriées.

210 — Sujets divers, par Géniole, Baron, Traviès, Daumier, Pigal, etc. 48 pièces coloriées.

211 — Sujets variés, par Gavarni, Daumier, Adam, Wattier, Bourdet, etc. 20 pièces en noir.

212 — Caricatures politiques et grivoises, sur la fin du second Empire et la Commune. 50 pièces coloriées.

213 — Journaux illustrés *sur le Boulangisme*. Un lot.

COSTUMES MILITAIRES

214 — Armée française, Généraux, Pièces historiques. 23 pièces coloriées.

215 — Brevets, Diplômes, etc. 30 pièces.

216 — Brevets. 22 pièces avec cocardes et cachets. Plusieurs sont rares.

217 — Époques mémorables de la Garde nationale parisienne, 1814-1827. Lithographie in-folio.

DIVERS

218 — Vues de Paris, Caricatures, Journaux illustrés, Portraits, Documents divers. Environ 150 pièces (4 lots).

ÉVENTAILS

219 — Paysage. Deux épreuves coloriées.

IMAGERIE POPULAIRE

220 — Généraux, Bière de Mars, Sujets religieux, etc 19 pièces coloriées.

221 — Papier de tenture et gaufré, etc. 5 pièces curieuses.

222 — Écusson aux Armes royales et avec légende. « Vive le roi ! Vivent les Bourbons ! » (*Chez Roive père et Dumoutier, à Nantes.*) Épreuve coloriée.

JEUX (Pièces sur les)

223 — Tarots, Jeux de cartes, Jeux de loto. Un lot.

LAGRENÉE (D'après de)

224 — Les Amours enchaînées par les Grâces, par Lempereur. Épreuve encadrée.

LEVILLY

225 — Les Croyables au Pérou. — La Folie du jour. Deux pièces en médaillon, à toutes marges.

MONNIER (Henry)

226 — Dix portraits différents de l'artiste : Gravures, Lithographies et Caricatures, par Durandeau, H. Monnier, Gill, Le Petit, Aucourt, Geoffroy, Guillaumot. (*Collection Chauffleury*.)

NAPOLÉON (Pièces sur)

227 — Portraits-caricatures, Vues de Sainte-Hélène, cartes, plans, etc. 83 pièces noires et coloriées.

228 — Ceremony of Te Deum by the Allied Armées, on the Square of Louis XV at Paris. The 10th April 1814, in-folio, d'après Moreau. Épreuve en couleur.

229 — Passage du Pont de Lodi, le 21 Floréal an IV, par Aubry, d'après Thomas. Épreuve coloriée.

PARIS (Pièces sur)

230 — Plans de Paris, par Aveline, Dubuisson et Tardieu. 3 pièces coloriées.

231 — Plan général du Champ de Mars et du Nouveau Cirque, où la Nation française a prêté le serment fédératif sur l'autel de la Patrie, le 14 juillet 1790. Epreuve coloriée.

VUES D'OPTIQUE

232 — Vues de Paris et de ses principaux Monuments.

— Pièces historiques et révolutionnaires. 38 pièces coloriées. Plusieurs sont très rares.

233 — Villes de France, Châteaux Royaux et Vues des Environs de Paris. 39 pièces coloriées.

234 — Étranger. 53 pièces coloriées.

DESSINS

ANDRIEUX (A.)

235 — *Sur la Barricade.*

Aquarelle signée et datée : *49*.

ANONYME

236 — Ecusson aux armes royales de France qui servit à la décoration des fenêtres parisiennes, le jour de l'entrée de Louis XVIII et autres fêtes similaires.

ANONYME

237 — Certificat de service du Régiment d'Anjou. Infanterie.

Plume et aquarelle rehaussée d'or.

HEIDBRINCK

238 — *La Saisie.* (A. M. Paul Dablin, huissier féroce). Deux dessins avec variantes.

Plume et crayon bleu. On y a joint la gravure du *Courrier Français*.

LANÇON (Aug.)

239 — *Butte Montmartre, 18 mars 70.*
Lavis de sépia. Signé et daté.

LEGRAND (Louis)

240 — *Sur les Boulevards.*
Plume et aquarelle. Signée.

MINIATURES

241 — Sujets religieux, tirés d'un antiphonaire.
Trois pièces en couleur sur parchemin.

SWEBACH-DESFONTAINES (Attribué à)

242 — Sujets militaires. Six dessins.
Lavis d'encre de Chine.

TABLEAUX

DAVID D'ANGERS (D'après)

243 — *Portrait de Bonaparte.*
Esquisse.

ÉCOLE FRANÇAISE (XVIIIe siècle)

244 — *Portrait d'un Lieutenant de police.*
Toile.

SARTORT (J.)

245 — *Vue du Pont au Change.*
Toile signée et datée.

CURIOSITÉS, ARMES, MEUBLES

246 — Anciennes baguettes d'huissier, avec étuis en métal et en cuir fleurdelysé.

247 — Ancien étui plumier, en cuir.

248 — Fuseau de mariée en bois gravé, surmonté du bouquet nuptial.

249 — Lot de cannes anciennes en jonc et bois sculpté.

250 — Deux parapluies anciens.

251 — Lot de verrerie ancienne : flacons, carafons, verres à liqueurs.

252 — Longue-vue garnie en galuchat.

253 — Petit sarcophage en pierre calcaire.

254 — Cinq bustes en plâtre : Voltaire, Rousseau, Napoléon, etc.

255 — Casques, gantelets, pièces d'armures en fer.

256 — Casques allemands, en fer et en cuir.

257 — Trois chapeaux bicornes de la Révolution.

258 — Insignes, plaques de ceinturons, écharpes.

259 — Lots de boutons.

260 — Lots de médailles et jetons.

261 — Tambour de la Révolution.

262 — Sabre de la Révolution avec devise : *Vivre libre ou mourire* (sic).

263 — Sabre à lame datée 1790.

264 — Sept autres sabres de la Révolution et de l'Empire.

265 — Deux épées.

266 — Couteau de chasse.

267 — Fusil de chasse.

268 — Tromblon et pistolet à pierre.

269 — Aigle en cuivre doré, provenant d'un drapeau.

270 — Collection de soldats de plomb.

271 — Collection de minéraux.

272 — Armes exotiques.

273 — Pendule religieuse, bois noir et cuivres.

274 — Jeu de Trou-Madame.

275 — Table de tric-trac.

276 — Bureau en acajou.

277 — Bibliothèque en acajou.

278 — Grande bibliothèque en chêne, à deux corps.

279 — Grand meuble à tiroirs, en chêne.

280 — Petit buffet, style Louis XIII.

281 — Vitrine bois noir plaqué et filets de cuivre.

282 — Petite table en chêne.

283 — Fauteuil style Louis XIII.

284 — Deux fauteuils et quatre chaises Empire.

285 — Glace biseau dans un encadrement en noyer, style Henri II.

286 — Escabeau, porte-carton, suspension à gaz, appareil de chauffage radiateur, tapis, articles de bureau, cartons à gravures, à médailles, etc.

MÉTHODE

DE

LECTURE,

PAR M. GOUILLÉ,

INSTITUTEUR A NANTES.

PRIX : 50 CENTIMES.

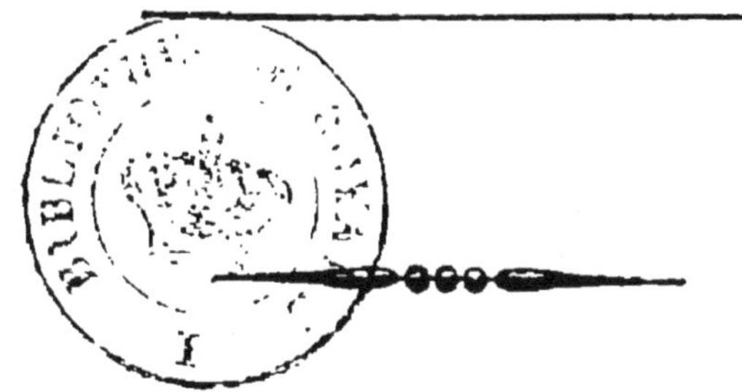

NANTES,
IMPRIMERIE DE MELLINET.

1835.

MÉTHODE

DE

LECTURE.

PREMIER EXERCICE.

LETTRES MAJUSCULES.

A B C D E F G

H I J K L M N O

P Q R S T U V X

Y Z Æ Œ W Ç.

2.e EXERCICE.

LETTRES COURANTES.

a b c d e f g h i j
k l m n o p q r s t
u v x y z æ œ w ç.

ç w z y x v u t s r q
p o n m l k j i h g f e
d c b a.

3.e EXERCICE.

LETTRES COURANTES ITALIQUES.

a b c d e f g h i
j k l m n o p q r s t
u v x y z æ œ w ç.

ç w œ æ z y x v u t s
r q p o n m l k j i h g
f e d c b a.

4.e EXERCICE.

DE L'*e* MUET.

SYLLABES.

Ai. au. be. bi. ca. ce. ci. cu. da. de. do. fa. ga. ge. la. le. li. lo. lu. ma. me. mo. ne. pa. pe. pi. po. pu. ra. re. ri. ro. sa. ve. vi.

MOTS.

1 Lu-*ne*. 2 da-*me*. 3 ro-*be*. 4 pa-*pe*. 5 ra-*re*. 6 la-

me. 7 cu-re. 8 bi-le. 9 ca-ge. 10 ci-re. 11 vi-ce. 12 ra-ce. 13 mo-de. 14 la-ve. 15 ri-re. 16 fa-de. 17 ca-le. 18 li-me. 19 do-ge. 20 ma-ge. 21 ai-me. 22 pi-re. 23 lo-ge. 24 ra-ge. 25 po-re. 26 pu-re. 27 sa-ge. 28 au-ge. 29 ga-re. 30 ca-ve.

5.e EXERCICE.

DE L'é FERMÉ.

SYLLABES.

Cé. dé. di. fé. fu. gi. lé. mé.

ré. so. té. ti. to. vé. bor. cha. dou. far. fra. par. per. por. sau.

MOTS.

1 Ca-fé. 2 cu-ré. 3 ci-ré. 4 a-do-ré. 5 so-li-di-té. 6 fa-ci-li-té. 7 ci-vi-li-té. 8 fra-gi-li-té. 9 cha-ri-té. 10 mo-bi-li-té. 11 au-to-ri-té. 12 ci-té. 13 par-lé. 14 por-té. 15 dou-té. 16 la-vé. 17 per-cé. 18 fu-mé. 19 far-dé. 20 bor-dé. 21 sa-lé. 22 sau-té. 23 ti-ré. 24 ai-mé. 25 pa-vé.

6.e EXERCICE.

DE L'è OUVERT.

SYLLABES.

Ab. ac. co. ex. fè. gè. lè. mè. nè.

pè. tè. aus. ber. bre. cès. chè. chi. frè. grè. pré. pri. pro suc.

MOTS.

1 dé-cés. 2 suc-cés. 3 ac-cés. 4 pro-cés. 5 ex-cés. 6 pro-té-ge. 7 Gré-ce. 8 ab-cés. 9 fu-né-bre. 10 pé-re. 11 mé-re. 12 fré-re. 13 ché-re. 14 pré-fé-re. 15 lé-gé-re. 16 a-mé-re. 17 co-lé-re. 18 aus-té-re. 19 ber-gé-re. 20 chi-mé-re.

7.e EXERCICE.

DES VOYELLES LONGUES.

SYLLABES.

Bê, cô. fâ. fê. fo. lâ. mô. pâ. pô.

rô. tâ. te. vê. blê. che. ché. drô. grâ. maî. rêt. tir. tre. trê. trô.

MOTS.

1 cô-té. 2 fâ-ché. 3 maî-tre. 4 vê-tir. 5 pâ-te. 6 a-pô-tre. 7 â-ne. 8 â-ge. 9 lâ-che. 10 tâ-che 11 grâ-ce. 12 rô-le. 13 au-mô-ne. 14 drô-le. 15 trô-ne. 16 bê-te. 17 fê-te. 18 ex-trê-me. 19 pro-blê-me. 20 fo-rêt.

8.e EXERCICE.

RÉCAPITULATION DES EXERCICES PRÉCÉDENTS.

SYLLABES.

As. cè. fe. fi. gu. in. mi. na. né. nê. nò. pé. pê. râ. rè. tu, vô. blâ.

chê. cou. crâ. crê. fer. flû. glé. grê. lai. mar. plâ. pôt. prê. prô. quê. ran. ter. tro.

MOTS.

1 o-ra-g*e*. 2 fi-gu-r*e*. 3 i-ma-g*e*. 4 p*â*-tu-r*e*. 5 fer-m*e*-t*é*. 6 p*ê*-che. 7 gr*ê*-l*e*. 8 ch*ê*-n*e*. 9 cr*ê*-p*e*. 10 *é*-v*ê*-qu*e*. 11 qu*ê*-t*e*. 12 pr*ê*-t*e*. 13 f*e*-n*ê*-tr*e*. 14 so-lai-r*e*. 15 mar-qu*e*. 16 a-r*è*-ne. 17 c*è*-n*e*. 18 m*é*-na-g*è*-r*e*. 19 o-ran-g*e*. 20 r*é*-gl*é*. 21 as-p*é*-ri-t*é*. 22. v*é*-ri-t*é*. 23 a-tro-ci-t*é*. 24 a-vi-di-t*é*. 25 *é*-cou-t*é*. 26 d*é*-ter-mi-n*é*. 27 mo-bi-l*e*. 28 bl*â*-m*e*. 29 cr*â*-n*e*. 30 in-f*â*-m*e*. 31 r*â*-p*e*. 32 pl*â*-tr*e*. 33 ma-r*â*-tre. 34 pr*ô*-n*e*. 35

rô-ti. 36 *dé*-*pôt*. 37 *nô*-tr*e*. 38 *vô*-tr*e*. 39 fl*û*-t*e*. 40 port*e*.

9.e EXERCICE.

S à la fin d'un mot, et précédé d'un *e* muet, ne se fait point sentir.

SYLLABES.

Ju. ou. su. ta. zo. ble. cle. cor. cri. gne. nan. plu. rou. tra. vra. vre. zai.

MOTS.

1 ai-me*s*. 2 ou-vre*s*. 3 ai-ma-ble*s*. 4 ca-pa-ble*s*. 5 fa-ci-le*s*. 6 rou-te*s*. 7 é-tu-de*s*. 8 zo-ne*s*. 9 ju-ge*s*. 10 ou-vra-ge*s*. 11 ta-ble*s*. 12 mi-ra-cle*s*. 13 cri-me*s*. 14 su-per-be*s*. 15 cou-vre*s*. 16 di-gne*s*. 17 dou-zaine*s*. 18

plu-me*s*. 19 ou-tra-ge*s*. 20 cor-de*s*. 21 Nan-te*s*.

10.e EXERCICE.

S à la fin d'un mot, et précédé d'un *e* fermé, ne se fait point non plus sentir.

SYLLABES.

Ap. gé. ha. mu. zé. man. mon. res. vas. vol.

MOTS.

1 ai-mé*s*. 2 cou-ché*s*. 3 é-vi-té*s*. 4 ju-gé*s*. 5 zé-lé*s*. 6 a-do-ré*s*. 7 pa-vé*s*. 8 dé-vas-té*s*. 9 é-cou-lé*s*. 10 ha-bi-té*s* 11 lo-gé*s*. 12 man-gé*s*. 13 mé-ri-té*s*. 14 mon-té*s*. 15 mu-ti-lé*s*.

16 par-ta-gé*s*. 17 por-té*s*. 18 res-té*s*. 19 ap-pe-lé*s*. 20 ré-vol-té*s*.

11.e EXERCICE.

S à la fin d'un mot ne se fait point sentir, quelle que soit la lettre qui la précède.

SYLLABES.

Bu. du. jo. ni. no. ban. bli. don. lec. lon. pol. ren. ton. tor. tou. ven. ver. chan. chon. crou. dain. geur. gour. leur. loir. mand. ment. moin. pleu. plon. reur. teur. tron. veur.

MOTS.

1 mon-dain*s*. 2 pleu-reur*s*. 3 plon-geur*s*. 4 man-chon*s*. 5 crou-ton*s*.

6 dou-leur*s*. 7 tor-chon*s*. 8 té-moins. 9 bu-veur*s*. 10 lo-geur*s*. 11 pol-tron*s*. 12 par-loir*s*. 13 cor-don*s*. 14 châ-ti-ment*s*. 15 ai-mon*s*. 16 chan-ton*s*. 17 gour-mand*s*. 18 lec-teur*s*. 19 ga-lon*s*. 20 a-ban-don*s*. 21 ver-tu*s*. 22 ren-du*s*. 23 pro-mu*s*. 24 vendus. 25 ai-ma*s*. 26 tou-cha*s*. 27 por-ta*s*. 28 jo-li*s*. 29 a-no-blis. 30 fi-ni*s*.

Excepté dans les mots suivants :

SYLLABES.

Ar. ag. ré. si. us. bus. gus. lus. mus. nus. ours. thus.

MOTS.

1 our*s*. 2 a*s*. 3. Ar-gu*s*. 4 Ar-thu*s*. 5 Vé-nu*s*. 6 Mo-mus. 7 Fa-biu*s*. 8

ag-nus. 9 bi-bus. 10 calus. 11 ré-bus. 12 si-nus.

12.e EXERCICE.

E muet, précédé de *i* ou de *u*, à la fin ou au milieu des mots, ne se fait point sentir.

SYLLABES.

En. hu. ru. vu. bou. pen. rai. tri. tour.

MOTS.

1 po-lie. 2 jo-lie. 3 fi-nie. 4 ché-rie. 5 é-tu-die. 6 rue. 7 é-tour-die. 8 bou-gie. 9 pa-trie. 10 vue. 11 tor-tue. 12 co-hue. 13 ma-la-die. 14 in-fa-mie. 15 a-mie. 16 prie-rai. 17 crie-rai. 18 en-vie-rait 19 per-due. 20 pen-due.

13.e EXERCICE.

Es, précédés de *i* ou de *u*, ne se fait point sentir.

SYLLABES.

Bâ. ſon. gué.

MOTS.

1 po-li*es*. 2 jo-li*es*. 3 ſi-ni*es*. 4 ché-ri*es*. 5 é-tu-di*es*. 6 ru*es*. 7 é-tour-di*es*. 8 bo-ugi*es*. 9 pa-tri*es*. 10 vu*es*. 11 tor-tu*es*. 12 co-hu*es*. 13 ma-la-di*es*. 14 in-ſa-mi*es*. 15 a-mi*es*. 16 ſon-du*es*. 17 gué-ri*es*. 18 bâ-ti*es*. 19 per-du*es*. 20 pen-du*es*.

14.e EXERCICE.

E muet, à la ſin d'un mot, précédé

d'un *é* fermé, ne se fait point non plus sentir.

SYLLABES.

Bra. cré. for.

MOTS.

1 por-té*e*. 2 cor-vé*e*. 3 fer-mé*e*. 4 ar-mé*e*. 5 bor-dé*e*. 6 cu-vée. 7 ai-mé*e*. 8 sa-cré*e*. 9 pâ-té*e*. 10 for-cé*e*. 11 dé-co-ré*e*. 12 pa-ré*e*. 13 dé-ci-dé*e*. 14 cou-dé*e*. 15 ti-ré*e*. 16 bra-vé*e*. 17 cou-pé*e*. 18 fi-lé*e*. 19 fu-mé*e*. 20 i-dé*e*.

15.e EXERCICE.

S entre deux voyelles (*a*, *e*, *i*, *o*, *u* *et* *y*), a le son du *z*.

MOTS.

1 maison. 2 poison. 3 toison. 4 fusée. 5 choses. 6 faisant. 7 oiseux. 8 toiseur. 9 liseur. 10 caserne. 11 nasal. 12 blason. 13 Asie. 14 asile. 15 ruse. 16 saison. 17 président. 18 prose. 19 raison. 20 rose.

16.e EXERCICE.

Ç avec une cédille, devant *a*, *o*, *u*, a le son de l'*s*.

MOTS.

1 rançon. 2 poinçon. 3 leçon. 4 reçu. 5 forçat. 6 soupçon. 7 tierçon. 8 français. 9 façade. 10 perçu. 11

lança. 12 conçu. 13 garçon. 14 tronçon. 15 balançoire. 16 balança. 17 françois. 18 forçâtes. 19 aperçûmes. 20 avançâmes.

17.e EXERCICE.

Deux *ss* de suite se font sentir.

MOTS.

1 ble*ss*e. 2 pare*ss*e. 3 fine*ss*e. 4 ba*ss*e*ss*e. 5 prome*ss*e. 6 reçu*ss*es. 7 perçu*ss*e. 8 confe*ss*es. 9 adre*ss*es. 10 délicate*ss*e. 11 care*ss*es. 12 carro*ss*es. 13 guéri*ss*e. 14 fini*ss*e. 15 rendi*ss*es. 16 aima*ss*es. 17 chanta*ss*e. 18 fa*ss*e. 19 défendi*ss*e. 20 aperçu*ss*e.

18.e EXERCICE.

Articulation propre de la lettre *l*, doublée ou simple, précédée d'un *i*.

MOTS.

1 m*ill*e. 2 tranqu*ill*e. 3 pup*ill*e. 4 *ill*ustre. 5 *ill*icite. 6 f*il*. 7 prof*il*. 8 civ*il*. 9 vir*il*. 10 volat*il*. 11 v*ill*e. 12 morf*il*. 13 ut*il*e. 14 *ill*égal. 15 *ill*usoire. 16 m*il*ieu. 17 v*ill*age. 18 p*il*e. 19 puér*il*. 20 arg*ile*.

19.e EXERCICE.

Mots ou la lettre *l*, doublée ou simple, et précédée d'un *i*, est mouillée.

MOTS.

1 fam*ill*e. 2 ve*ill*e. 3 f*ill*e. 4 br*ill*e. 5 ba*ill*ons. 6 bou*i*llie. 7 ca*ill*ou. 8 ga*i*llard. 9 grose*ill*e. 10 goup*ill*on. 11 gr*ill*e. 12 lima*ill*e. 13 pa*ill*e. 14 ra*ill*eur. 15 bou*ill*on. 16 trava*il*. 17 bab*il*. 18 conse*il*. 19 pare*il*. 20 avr*il*.

20.e EXERCICE.

M a le son de *n* nasal, quand elle est au milieu d'un mot, devant *b*, *n* ou *p*.

MOTS.

1 e*m*ploi. 2 e*m*barras. 3 e*m*pire. 4 la*m*pion. 5 fla*m*beau. 6 ca*m*pagne.

7 se*m*blable. 8 i*m*patience. 9 co*m*-paraison. 10 septe*m*bre. 11 ba*m*bou. 12 la*m*beau. 13 i*m*pro*m*ptu. 14 ja*m*-bon. 15 i*m*posteur. 16 auto*m*ne. 17 i*m*primeur. 18 ja*m*be. 19 da*m*-nation. 20 i*m*parfait.

21.e EXERCICE.

Deux *nn* de suite se font sentir, mais sans avoir un son nasal.

MOTS.

1 a*nn*al. 2 i*nn*é. 3 perso*nn*e. 4 couro*nn*e. 5 i*nn*ocence. 6 e*nn*emi. 7 i*nn*ombrable. 8 i*nn*ovateur. 9 do*nn*e. 10 a*nn*iversaire. 11 ba*nn*i. 12 bo*nn*e. 13 ca*nn*e. 14 co*nn*aître.

15 co*nn*u. **16** ha*nn*eton. **17** ma*nne*. **18** pa*nne*. **19** mo*nn*aie. **20** pi*nn*ule.

22.e EXERCICE.

Tion et *tieux* se prononcent *cion* et *cieux*.

MOTS.

1 ac*tion*. **2** ambi*tieux*. 3 propo-si*tion*. 4. observa*tion*. 5 minu*tieux*. 6 ra*tion*. 7 fac*tieux*. 8 conscrip*tion*. 9 facé*tieux*. **10** jonc*tion*. **11** trans-crip*tion*. **12** distinc*tion*. 13 cau*tion*. **14** cap*tieux*. **15** loca*tion*. **16** grati-fica*tion*. **17** habita*tion*. **18** mortifi-ca*tion*. **19** conten*tieux*. **20** néga*tion*.

21 satisfac*tion*. 22 dona*tion*. 23 dic*tion*. 24 por*tion*. 25 po*tion*.

23.e EXERCICE.

Tie se prononce ordinairement *ci*.

MOTS.

1 pa*tie*nt. 2 prima*tie*. 3 minu*tie*. 4 balbu*tie*. 5 véni*tie*n. 6 capé*tie*n. 7 impa*tie*nce. 8 Dona*tie*n. 9 Roga*tie*n. 10 Domi*tie*n. 11 Gra*tie*n. 12 inep*tie*. 13 Béo*tie*. 14 facé*tie*. 15 Croa*tie*. 16 sa*tie*té.

Excepté dans les mots suivants :

1 par*tie*. 2 lo*tie*. 3 châ*tie*. 4 rô*tie*. 5 sor*tie*. 6 conver*tie*. 7 an*tie*nne. 8 appren*tie*. 9 or*tie*. 10 hos*tie*.

24.e EXERCICE.

Gea, *geo*, se prononcent *ja*, *jo*.

MOTS.

1 ven*gea*nce. 2 plon*geo*n. 3 man*gea*. 4 ven*geo*ns. 5 man*gea*nt. 6 ga*gea*. 7 ju*gea*nt. 8 char*gea*. 9 chan*gea*nt. 10 corri*geo*ns. 11 parta*gea*. 12 dra*geo*n. 13 égor*gea*. 14. ména*geo*ns. 15 enga*gea*nt. 16 for*geo*ns. 17 jau*gea*ge. 18 lo*gea*ble. 19 man*geo*ire. 20 na*geo*ire.

Mais *géa*, *géo*, conservent leur prononciation ordinaire.

1 *géa*nt. 2 *géo*logie. 3 *géo*mancie. 4 *géo*métrie. 5 *géo*rgiques. 6 *géo*mètre.

25.e EXERCICE.

Ph a le son de l'*f*.

MOTS.

1 *ph*ilosop*h*e. 2 blas*ph*ême. 3 Joseph. 4 é*ph*émère. 5 *Ph*aéton. 6 *ph*alange. 7 *Ph*araon. 8 *ph*arisien. 9 *ph*armacie. 10 *Ph*arsale. 11 *ph*ase. 12 *ph*ilosop*h*ale. 13 *ph*os*ph*ore. 14 *ph*rase. 15 Bos*ph*ore. 16 *ph*oque. 17 *ph*are. 18 *ph*énix. 19 *ph*énomène. 20 géogra*ph*ie.

26.e EXERCICE.

R final, précédé de *e*, ne se fait point ordinairement sentir.

MOTS.

1 boulanger. 2 horloger. 3 chanter. 4 aimer. 5 danser. 6 cacher. 7 donner. 8. trouver. 9 accepter. 10 mouiller. 11 châtier. 12 excepter. 13 pêcher. 14 pécher. 15 confesser. 16 patienter. 17 calculer. 18 conseiller. 19 veiller. 20 berger.

Excepté dans les mots suivants :

1. amer. 2 belvéder. 3 cancer. 4 cuiller. 5 enfer. 6 hiver. 7 Lucifer. 8 fer. 9 ver. 10 mer.

27.e EXERCICE.

Qua, *que*, *qui* se prononcent *coua*, *cue*, *cui*, dans les mots suivants.

MOTS.

1 a*qua*tile. 2 a*qua*tique. 3 é*qua*teur. 4 *qua*drature. 5 *que*steur. 6 *qua*druple. 7 é*que*stre. 8 *qui*ndécagone. 9 *quinqua*génaire. 10 *quin*tuple. 11 é*qui*latéral. 12 é*qui*angle.

28.e EXERCICE.

Cha, *cho*, *chu*, *chr*, se prononcent dans les mots suivants *ca*, *co*, *cu*, *cr*.

MOTS.

1 eu*cha*ristie. 2 ar*cha*nge. 3 ana*cho*rète. 4 caté*chu*mène. 5 *Cha*m. 6 *Cha*naan. 7 *chœ*ur. 8 *cho*riste. 9 *cho*rus. 10 *chr*étien. 11 *chr*onolo-

gie. 12 *chr*onique. 13 *chr*istianisme. 14 *Chr*ist.

29.e EXERCICE.

P ne se prononce point au milieu des mots suivants.

MOTS.

1 ba*p*tême. 2 ba*p*tiser. 3 exem*p*ter. 4 com*p*te. 5 com*p*toir. 6 prom*p*titude. 7 se*p*tième.

30.e EXERCICE.

C final sonne dans les mots suivants.

MOTS.

1 cogna*c*. 2 sa*c*. 3 be*c*. 4 ave*c*. 5

Agaric. 6 caduc. 7 choc. 8 duc. 9 estoc. 10 Languedoc. 11 bissac. 12 Maroc. 13 sec. 14 pic.

Mais il ne sonne pas dans ceux-ci :

1 tabac. 2 clerc. 3 marc. 4 blanc. 5 franc. 6 jonc. 7 tronc. 8 broc. 9 estomac.

31.e EXERCICE.

Sc au commencement ou au milieu d'un mot, et suivi d'un *e* ou d'un *i*, ont le son de l'*s* simple.

MOTS.

1 *sc*ène. 2 *sc*eptique. 3 *sc*ience. 4. *sc*ier. 5 de*sc*endre. 6 *sc*eau. 7 dis*c*iple. 8 *sc*élérat. 9 *sc*ellé. 10 *sc*eptique. 11 *sc*eptre. 12 con*sc*ience. 13

condes*c*endance. 14 adoles*c*ence. 15 convales*c*ence. 16 des*c*endant.

32.e EXERCICE.

S au commencement d'un mot et suivie de *che* ou de *chi*, ne se prononce pas.

MOTS.

1 *sc*helling. 2 *sc*hisme. 3 *sc*hal. 4 *sc*hismatique.

33.e EXERCICE.

S au commencement d'un mot se prononce, quand elle est suivie de *ca*, *co*, *cu*, *cr*.

MOTS.

1 *s*capulaire. 2 *s*colaire. 3 *s*crupule. 4 *s*culpteur. 5 *s*cabreux. 6 *s*calène. 7 *s*candale. 8 *s*cholie. 9 *s*corbut. 10 *s*cribe. 11 *s*crutateur. 12 *s*corpion. 13 *s*colastique.

34.e EXERCICE.

S au commencement d'un mot se prononce aussi, quand elle est suivie de *p* ou de *t*.

MOTS.

1 *s*pacieux. 2 *s*patule. 3 *s*pécial. 4. *s*pectacle. 5 *s*péculation. 6 *s*phère. 7 *s*pirale. 8 *s*pirituel. 9 *s*pontané. 10 *s*plendeur. 11 *s*table. 12 *s*tage. 13

*s*talle. 14 *s*tère. 15 *s*térile. 16 *s*timulant. 17 *s*tomacal. 18. *s*tupeur. 19 *s*tupide. 20 *s*tructure.

35.e EXERCICE.

La syllabe *eau* se prononce *o*.

MOTS.

1 troup*eau*. 2 tomb*eau*. 3 vaiss*eau*. 4 b*eau*. 5 nouv*eau*. 6 tabl*eau*. 7 boiss*eau*. 8 corb*eau*. 9 cord*eau*. 10 mart*eau*. 11 cop*eau*. 12 drap*eau*. 13 cout*eau*. 14 morc*eau*. 15 chapit*eau*. 16 chap*eau*. 17 border*eau*. 18 band*eau*. 19 cad*eau*. 20 orm*eau*.

36.e EXERCICE.

Quand on peut mettre *ils* ou *elles* devant un mot finissant par *ent*, les lettres *nt* ne se prononcent pas.

MOTS.

1. aime*nt*. 2 finisse*nt*. 3 vende*nt*. 4 rende*nt*. 5 trouve*nt*. 6 adore*nt*. 7 punisse*nt*. 8 défende*nt*. 9 vive*nt*. 10 coure*nt*. 11 doive*nt*. 12 sente*nt*. 13 peuve*nt*. 14 vale*nt*. 15 entende*nt*. 16 réponde*nt*. 17 perde*nt*. 18 boive*nt*. 19 mange*nt*. 20 pense*nt*. 21 donne*nt*. 22 dorme*nt*. 23 tienne*nt*. 24 prenne*nt*. 25 peigne*nt*. 26 écrive*nt*. 27 lise*nt*. 28 orne*nt*. 29 paraisse*nt*. 30

connaisse*nt*. 31 fasse*nt*. 32 guérisse*nt*. 33 conseille*nt*. 34 adoucisse*nt*. 35 maigrise*nt*. 36 ignore*nt*. 37 déclame*nt*. 38 organise*nt*. 39 commette*nt*. 40 ouvre*nt*.

37.e EXERCICE.

Les syllabes *aient* et *raient*, à la fin des mots, se prononcent *ai* et *rai*.

MOTS.

1. aim*aient*. 2 aime*raient*. 3 vend*aient*. 4 vend*raient*. 5 recev*aient*. 6 recev*raient*. 7 rend*aient*. 8 rend*raient*. 9 trouv*aient*. 10 trouve*raient*. 11 viv*aient*. 12 viv*raient*.

13 dev*aient*. 14 dev*raient*. 15 confond*aient*. 16 confond*raient*. 17 répond*aient*. 18 répond*raient*. 19 mord*aient*. 20 mord*raient*.

38.e EXERCICE.

Emm, au commencement d'un mot, se prononcent *an*, et au milieu *am*.

MOTS.

1 *emm*agasiner. 2 *emm*ancher. 3 *emm*êlé. 4 *emm*ariner. 5 *emm*énager. 6 *emm*ener. 7 *emm*enoter. 8 *emm*ailloter. 9 *emm*ieller. 10 *emm*useler. 11 éloqu*emm*ent. 12 sci*emm*ent. 13 prud*emm*ent. 14 dilig*emm*ent.

15 différ*emm*ent. 16 réc*emm*ent. 17 compét*emm*ent. 18 ard*emm*ent. 19 appar*emm*ent. 20 concurr*emm*ent.

39.e EXERCICE.

Quand *h* est précédée de *t*, elle ne se prononce pas.

MOTS.

1 antipa*th*ie. 2 au*th*entique. 3 ca*th*olique. 4 ca*th*édrale. 5 li*th*arge. 6 Li*th*uanie. 7 Lu*th*er. 8 ma*th*ématiques. 9 pan*th*éon. 10 pan*th*ère. 11 *Th*alie. 12 *Th*éophile. 13 *th*éâtre. 14 *th*ême. 15 *th*ermidor. 16 *th*ermomètre. 17 *th*éologie. 18 *th*èse 19 *th*éorie. 20 *th*éodicée.

40.e EXERCICE.

Y a ordinairement le son de l'*i* simple.

MOTS.

1 ph*y*sique. 2 ét*y*mologie. 3 s*y*ntaxe. 4 h*y*pocrisie. 5 *Y*ves. 6 h*y*perbole. 7 h*y*men. 8 h*y*draulique. 9 h*y*dre. 10 h*y*drogène. 11 h*y*dromètre. 12 h*y*dropique. 13 ph*y*sionomie.

Excepté dans les mots suivants, où l'*y* a le son de deux *i i*.

1 pa*y*s. 2 mo*y*en. 3 jo*y*eux. 4 cito*y*en. 5 emplo*y*er. 6 ro*y*al. 7 ro*y*aume. 8 appu*y*er. 9 pa*y*san. 10 pa*y*sage. 11 pa*y*er.

41.e EXERCICE.

On appelle *Tréma* deux points placés sur les voyelles *ë*, *ï*, *ü*, pour faire connaître que ces lettres doivent être prononcées séparément de la voyelle qui précède.

MOTS.

1 haïr. 2 païen. 3 ambiguë. 4 aiguë. 5 ciguë. 6 Adélaïde. 7 Danaïdes. 8 Thébaïde. 9 faïence. 10 judaïque. 11 judaïsme. 12 naïf. 13 naïveté. 14 prosaïque. 15 stoïcien. 16 héroïque. 17 Moïse. 18 Saül. 19 Noël. 20 Esaü.

42.e EXERCICE.

Mots dans lesquels les articulations finales ne se prononcent pas.

MOTS.

1 plom*b*. 2 cle*f*. 3 bari*l*. 4 couti*l*. 5 outi*l*. 6 fusi*l*. 7 sourci*l*. 8 cam*p*. 9 galo*p*. 10 lou*p*. 11 dra*p*. 12 cou*p*. 13 Monsieu*r*. 14 cor*p*s. 15 exem*p*t. 16 almana*ch*. 17 insti*n**ct*. 18 pou*ls*. 19 fau*lx*. 20 soû*l*. 21 prom*pt*. 22 doi*gt*. 23 le*gs*. 24 poin*g*. 25 vin*gt*. 26 haren*g*. 27 étan*g*. 28 ran*g*. 29 sein*g*. 30 lon*g*. 31 faubour*g*. 32 san*g* 33. parpain*g*.

MAXIMES

TIRÉES DE LA BIBLE.

1 L'orgueil est le principe et l'origine de tous les péchés. Celui qui y demeure attaché, sera rempli de malédiction.

2. Ne méprisez point un homme juste, quoiqu'il soit pauvre; et ne révérez point un pécheur, quoiqu'il soit riche.

3. Ne répondez point avant d'avoir écouté, et n'interrompez point une personne qui parle.

4. Les biens et les maux, la vie et la mort, la pauvreté et les richesses viennent de Dieu.

5. Faites du bien à l'homme juste, et vous en recevrez une grande récompense, sinon de lui, du moins du Seigneur.

6. Faites du bien à votre prochain avant la mort, et donnez l'aumône au pauvre selon votre pouvoir.

7. Que rien ne vous empêche de prier toujours, et ne cessez point de vous avancer dans la justice jusqu'à la mort, parce que la récompense de Dieu est éternelle.

8. Pensez souvent à la colère du dernier jour, et au temps où Dieu rendra à chacun selon qu'il aura vécu.

9. Le mensonge est dans un homme une tache honteuse: les gens mal élevés ont toujours le mensonge à la bouche.

10. Un voleur vaut mieux qu'un homme qui est dans l'habitude de mentir.

11. La vie des menteurs est une vie sans honneur, et la confusion qu'ils méritent, les accompagne toujours.

12. Mon fils, avez-vous commis quelque péché? N'y retombez plus, mais priez pour vos fautes passées, afin qu'elles vous soient pardonnées.

13. La prière du pauvre s'élèvera de sa bouche jusqu'à Dieu, et il se hâtera de lui faire justice.

14. Celui qui aime son fils, le châtie souvent, afin qu'il lui donne de la joie quand il sera grand.

15. Un cheval indompté devient intraitable, et l'enfant abandonné à sa volonté devient insolent.

16. Ne rendez point votre fils maître de lui-même dans sa jeunesse, et ne négligez point ses fautes.

17. Instruisez votre fils et travaillez à le former, de peur qu'il ne vous déshonore par sa vie honteuse.

18. Un pauvre qui est sain, et

qui a des forces, vaut mieux qu'un riche languissant.

19. Il n'y a point de richesses comparables à la santé du corps, ni de plaisir égal à la joie du cœur.

20. L'envie et la colère abrègent les jours, et l'inquiétude fait venir la vieillesse avant le temps.

21. Celui qui aime l'argent ne sera point innocent : l'argent en a précipité plusieurs dans le malheur.

22. La tempérance dans le boire et le manger, est la santé de l'âme et du corps.

23. Celui qui craint le Seigneur, ne craindra rien : il n'aura point de peur, parce que Dieu même est son espérance.

24. Que notre bouche ne s'accoutume point au jurement, car en jurant on offense Dieu.

25. Combien est grand celui qui a trouvé la sagesse et la science ! Mais rien n'est plus grand que celui qui craint Dieu.

26. Celui qui découvre les secrets de son ami, perd sa confiance, et il ne trouvera jamais d'amis selon son cœur.

27. Celui qui veut se venger, sentira la vengeance du Seigneur, et Dieu n'oubliera jamais ses péchés.

28. Pardonnez à votre prochain le mal qu'il vous a fait, et vos péchés vous seront remis, quand vous demanderez pardon.

29. Ayez la crainte de Dieu devant les yeux, et ne vous laissez point aller à la colère contre votre prochain.

30. Evitez les disputes, et vous couperez la racine à bien des maux.

31. Assistez le pauvre, parce que Dieu vous le commande.

32. Le Seigneur n'a point d'égard à la qualité des personnes, et il exaucera la prière de quiconque est maltraité injustement.

33. Celui qui sert Dieu avec joie, sera bien reçu de lui, et sa prière montera jusqu'au ciel.

34. La vie d'un homme qui se contente de ce qu'il gagne par son travail, est remplie de douceur.

35. On pleure les gens de bien lorsqu'on met leur corps en terre; mais la mémoire des méchants sera anéantie.

36. La crainte du Seigneur est le commencement de la sagesse. Les insensés méprisent la sagesse et l'instruction.

37. Mon fils, si les méchants veulent vous attirer par leurs caresses, ne vous y laissez point aller.

38. Mon fils, n'oubliez point ma loi, dit le Seigneur, et que votre cœur garde mes commandements; car vous y trouverez la longue vie et la paix.

39. Pensez à Dieu dans toutes vos actions, et il conduira lui-même vos pas.

40. Mon fils, ne rejettez point la correction du Seigneur, et ne vous laissez point abattre par le chagrin lorsqu'il vous châtie. Car le Seigueur châtie celui qu'il aime, comme un père corrige son fils qu'il chérit tendrement.

41. Ne détournez personne de faire du bien à ceux qui sont dans le besoin. Faites-leur vous-même du bien, si vous en avez le pouvoir.

42. Ne dites point à votre prochain: allez et revenez, je vous le donnerai demain, lorsque vous pouvez le lui donner à l'heure même.

43. N'abusez point de la confiance que votre prochain a en vous, pour lui faire du mal.

44. Le Seigneur enverra l'indigence dans la maison de l'impie; mais il bénira la demeure des justes.

45. Un enfant qui est sage, est la joie de son père: l'enfant insensé est la tristesse de sa mère.

46. Celui qui est vraiment sage, reçoit volontiers les avis qu'on lui donne: l'insensé au contraire s'offense de ce qu'on lui dit.

47. Celui qui profite des avis et des corrections, est dans le chemin de la vie; mais celui qui néglige les réprimandes s'égare.

48. Quiconque parle beaucoup, ne sera point exempt de péché: mais celui qui sait retenir sa langue, est très-prudent.

49. La crainte du Seigneur, prolonge les jours : les années des méchants seront abrégées.

50. Les uns donnent ce qui est à eux, et sont toujours riches : les autres ravissent le bien d'autrui, et sont toujours pauvres.

51. Si le juste est puni sur la terre, combien plus le méchant et le pécheur.

52. La langue qui profère des mensonges, est en abomination au Seigneur : mais ceux qui agissent avec sincérité, lui sont agréables.

53. Le paresseux veut et ne veut pas : ceux qui travaillent vivront dans l'abondance.

54. Celui qui méprise son pro-

chain, pèche : mais celui qui a compassion du pauvre, sera bienheureux.

55. Qu'un autre vous loue, et non votre bouche ; que ce soit un étranger, et non vos propres lèvres.

56. Celui qui donne au pauvre, ne sera jamais dans le besoin ; mais celui qui rejette sa prière, tombera lui-même dans l'indigence.

57. Le juste prend connaissance des besoins des pauvres : mais le méchant ne s'informe de rien.

58. Ayez du Seigneur des sentiments dignes de lui ; et cherchez-le avec un cœur simple.

59. Toute sagesse vient de Dieu : elle a toujours été avec lui, et elle y est avant tous les siècles.

60. Celui qui craint le Seigneur, se trouvera heureux à la fin de sa vie; et il sera béni au jour de sa mort.

61. La crainte du Seigneur est le commencement de la sagesse.

62. Mon fils, si vous désirez la sa-sagesse, observez les commandements de Dieu, et il vous la donnera.

63. Vous qui craignez le Seigneur, croyez en lui, et vous ne perdrez point votre récompense.

64. Vous qui craignez le Seigneur, aimez-le; et vos cœurs seront éclairés et remplis de consolation.

65. Mon fils, soulagez votre père et votre mère dans leur vieillesse, et

ne les attristez point durant leur vie.

66. Combien est infâme celui qui abandonne son père! Et combien est maudit de Dieu celui qui aigrit l'esprit de sa mère!

67. Mon fils, montrez de la douceur dans tout ce que vous faites, et vous serez plus aimé que si vous faisiez les actions les plus éclatantes aux yeux des hommes.

68. Mon fils, ne privez pas le pauvre de son aumône, et ne détournez pas vos yeux de dessus lui.

69. N'attristez point le cœur du pauvre, et ne différez point de donner à celui qui se trouve dans un besoin pressant.

70. Ne rougissez point de dire la

vérité, quand il s'agirait de votre vie.

71. Ne rougissez point d'avouer vos fautes.

72. Ne dites point : J'ai péché, et quel mal m'en est-il arrivé ? Car le Seigneur est lent à punir.

73. Ne différez point de vous convertir au Seigneur ; et ne remettez point de jour en jour votre retour vers lui. Car sa colère éclatera tout d'un coup, et il vous perdra au jour de la vengeance.

74. Tâchez d'avoir beaucoup d'amis avec qui vous puissiez vivre. Mais choisissez entre mille celui dont vous voulez prendre conseil.

75. Si vous voulez avoir un ami, ne le prenez qu'après l'avoir éprouvé,

et ne vous fiez pas sitôt à lui. Car tel est ami, qui ne l'est que tant qu'il y trouve son avantage, et qui cessera de l'être au jour de l'affliction.

76. Si vous connaissez un homme sage, allez le trouver dès le point du jour, et que votre pied presse souvent le seuil de sa porte.

77. Ne faites point de mal, et il ne vous en arrivera point. Fuyez l'injustice, et le péché s'éloignera de vous.

78. Ne négligez point de prier et de faire l'aumône.

79. Craignez le Seigneur de toute votre âme, et ayez de la vénération pour ses prêtres.

80. Ouvrez votre main au pauvre,

afin que votre sacrifice et votre offrande soient parfaits.

81. Ne manquez pas de consoler ceux qui sont dans la tristesse ; et pleurez avec ceux qui pleurent.

82. Ne méprisez point un homme dans sa vieillesse : car ceux qui vieillissent ont été comme nous.

83. Un homme qui a peu d'esprit et de lumière, mais qui a la crainte de Dieu, vaut mieux que celui qui a de grands talents, et qui viole la loi du Seigneur.

84. Bienheureux ceux qui sont miséricordieux, parce qu'ils obtiendront eux-mêmes miséricorde.

85. Bien heureux ceux qui ont le cœur pur, parce qu'ils verront Dieu.

86. Bienheureux les pacifiques, parce qu'ils seront appelés enfants de Dieu.

87. Bienheureux ceux qui souffrent persécution pour la justice, parce que le royaume des cieux est à eux.

88. Je vous dis, dit Jésus-Christ, que quiconque se mettra en colère contre son frère, méritera d'être condamné.

89. Lorsque vous présentez votre offrande à l'autel, si vous vous souvenez que votre frère a quelque chose contre vous, laissez là votre don devant l'autel, et allez vous réconcilier auparavant avec votre frère, et puis vous reviendrez offrir votre don.

90. Aimez vos ennemis, faites du bien à ceux qui vous haïssent, et priez pour ceux qui vous persécutent et qui vous calomnient.

91. Si vous ne pardonnez point aux autres leurs fautes, Dieu ne vous pardonnera point non plus vos péchés.

92. Faites donc aux hommes tout ce que vous voulez qu'ils vous fassent.

93. Venez à moi, dit Jésus-Christ, vous tous qui êtes fatigués et qui êtes chargés, et je vous soulagerai.

94. Or, je vous déclare, dit notre Seigneur, qu'au jour du jugement, les hommes rendront compte de toute parole inutile qu'ils auront dite.

95. Je vous dis en vérité, dit

Jésus-Christ, que si vous ne vous convertissez, et si vous ne devenez comme de petits enfants, vous n'entrerez point dans le royaume des cieux.

96. Si votre frère a péché contre vous, allez lui représenter sa faute en particulier, entre vous et lui; s'il vous écoute, vous aurez gagné votre frère.

97. Laissez là ces enfants, dit notre Seigneur, et ne les empêchez pas de venir à moi; car le royaume du ciel est pour ceux qui leur ressemblent.

98. Je vous louerai, Seigneur, de toute l'étendue de mon cœur; je raconterai toutes vos merveilles.

99. Le Seigneur est devenu le refuge du pauvre, et il vient à son secours, lorsqu'il en a besoin, et qu'il est dans l'affliction.

100. Conservez-moi, Seigneur, parce que j'ai mis en vous mon èspérance.

101. J'ai crié vers vous, ô Dieu, parce que vous m'avez exaucé; prêtez l'oreille pour m'écouter, et exaucez mes paroles.

102. J'invoquerai le Seigneur en le louant, et il me sauvera de mes ennemis.

103. Ayez Dieu dans l'esprit, tous les jours de votre vie, et gardez-vous de consentir jamais à aucun péché, et de violer les préceptes du Seigneur, notre Dieu.

104. Faites l'aumône de votre bien, et ne détournez votre visage d'aucun pauvre; car, de cette sorte, le Seigneur ne détournera point non plus son visage de dessus vous.

105. Soyez charitable en la manière que vous le pourrez : si vous avez beaucoup de bien, donnez beaucoup; si vous en avez peu, ayez soin de donner de bon cœur de ce peu même.

106. L'aumône sera le sujet d'une grande confiance devant le Dieu suprême, pour tous ceux qui l'auront faite.

107. Ne souffrez jamais que l'orgueil domine, ou dans vos pensées, ou dans vos paroles; car c'est par l'orgueil que tous les maux ont commencé.

108. Prenez garde de ne faire jamais à un autre ce que vous seriez fâché qu'on vous fît.

109. Demandez toujours conseil à un homme sage.

110. Ne vous souvenez point des fautes de ma jeunesse, ni de mes ignorances : Souvenez-vous de moi selon votre miséricorde ; souvenez-vous-en, Seigneur, à cause de votre bonté.

111. Le Seigneur est mon aide et mon protecteur : Mon cœur a mis en lui son espérance, et j'ai été secouru.

112. Seigneur, mon Dieu, j'ai crié vers vous, et vous m'avez guéri.

113. Je remets mon âme entre vos mains; vous m'avez racheté, Seigneur, Dieu de vérité.

114. Heureux l'homme à qui le Seigneur n'a imputé aucun péché, et dont l'esprit est exempt de tromperie.

115. Le pécheur sera exposé à un grand nombre de peines; mais pour celui qui espère au Seigneur, il sera tout environné de sa miséricorde..

116. Le Seigneur aime la miséricorde et la justice. La terre est toute remplie de sa miséricorde.

117. Heureuse la nation qui a le Seigneur pour son Dieu. Heureux le peuple qu'il a choisi pour son héritage.

118. Seigneur, ne me reprenez pas dans votre fureur, et ne me punissez pas dans votre colère.

119. Ce sera toujours en Dieu que nous mettrons notre gloire; et nous donnerons éternellement des louanges à votre saint nom.

120. Dieu est notre refuge et notre force; et c'est lui qui nous assiste dans les grandes afflictions qui nous ont enveloppés.

121. Ayez pitié de moi, ô mon Dieu, selon votre grande miséricorde, et effacez mon iniquité selon la multitude de vos bontés.

FIN.

www.ingramcontent.com/pod-product-compliance
Ingram Content Group UK Ltd.
Pitfield, Milton Keynes, MK11 3LW, UK
UKHW020953180726
13838UKWH00003B/1294